交通与交流系列

旅行史话

A Brief History of Travelling in China

黄石林 / 著

社会科学文献出版社
SOCIAL SCIENCES ACADEMIC PRESS (CHINA)

图书在版编目（CIP）数据

旅行史话/黄石林著 .—北京：社会科学文献出版社，2012.3（2014.8 重印）
（中国史话）
ISBN 978-7-5097-3152-9

Ⅰ.①旅… Ⅱ.①黄… Ⅲ.①旅游-文化史-中国 Ⅳ.①F592.9

中国版本图书馆 CIP 数据核字（2012）第 023243 号

"十二五"国家重点出版规划项目

中国史话·交通与交流系列
旅行史话

著　　者／黄石林

出 版 人／谢寿光
出 版 者／社会科学文献出版社
地　　址／北京市西城区北三环中路甲 29 号院 3 号楼华龙大厦
邮政编码／100029

责任部门／人文分社　（010）59367215
电子信箱／renwen@ssap.cn
责任编辑／黄　丹　乔　鹏
责任校对／李海云
责任印制／岳　阳
经　　销／社会科学文献出版社市场营销中心
　　　　　（010）59367081　59367089
读者服务／读者服务中心 （010）59367028

印　　装／北京画中画印刷有限公司
开　　本／889mm×1194mm　1/32　印张／6.875
版　　次／2012 年 3 月第 1 版　字数／136 千字
印　　次／2014 年 8 月第 2 次印刷
书　　号／ISBN 978-7-5097-3152-9
定　　价／15.00 元

本书如有破损、缺页、装订错误，请与本社读者服务中心联系更换
版权所有　翻印必究

《中国史话》
编辑委员会

主　　任　陈奎元

副 主 任　武　寅

委　　员　(以姓氏笔画为序)
　　　　　卜宪群　王　巍　刘庆柱
　　　　　步　平　张顺洪　张海鹏
　　　　　陈祖武　陈高华　林甘泉
　　　　　耿云志　廖学盛

总　序

中国是一个有着悠久文化历史的古老国度，从传说中的三皇五帝到中华人民共和国的建立，生活在这片土地上的人们从来都没有停止过探寻、创造的脚步。长沙马王堆出土的轻若烟雾、薄如蝉翼的素纱衣向世人昭示着古人在丝绸纺织、制作方面所达到的高度；敦煌莫高窟近五百个洞窟中的两千多尊彩塑雕像和大量的彩绘壁画又向世人显示了古人在雕塑和绘画方面所取得的成绩；还有青铜器、唐三彩、园林建筑、宫殿建筑，以及书法、诗歌、茶道、中医等物质与非物质文化遗产，它们无不向世人展示了中华五千年文化的灿烂与辉煌，展示了中国这一古老国度的魅力与绚烂。这是一份宝贵的遗产，值得我们每一位炎黄子孙珍视。

历史不会永远眷顾任何一个民族或一个国家，当世界进入近代之时，曾经一千多年雄踞世界发展高峰的古老中国，从巅峰跌落。1840年鸦片战争的炮声打破了清帝国"天朝上国"的迷梦，从此中国沦为被列强宰割的羔羊。一个个不平等条约的签订，不仅使中国大量的白银外流,更使中国的领土一步步被列强侵占,国库亏空,民不聊生。东方古国曾经拥有的辉煌,也随着西方列强坚船利炮的轰击而烟消云散,中国一步步堕入了半殖民地的深渊。不甘屈服的中国人民也由此开始了救国救民、富国图强的抗争之路。从洋务运动到维新变法,从太平天国到辛亥革命,从五四运动到中国共产党领导的新民主主义革命,中国人民屡败屡战,终于认识到了"只有社会主义才能救中国,只有社会主义才能发展中国"这一道理。中国共产党领导中国人民推倒三座大山,建立了新中国,从此饱受屈辱与蹂躏的中国人民站起来了。古老的中国焕发出新的生机与活力,摆脱了任人宰割与欺侮的历史,屹立于世界民族之林。每一位中华儿女应当了解中华民族数千年的文明史,也应当牢记鸦片战争以来一百多年民族屈辱的历史。

当我们步入全球化大潮的 21 世纪,信息技术革命迅猛发展,地区之间的交流壁垒被互联网之类的新兴交流工具所打破,世界的多元性展示在世人面前。世界上任何一个区域都不可避免地存在着两种以上文化的交汇与碰撞,但不可否认的是,近些年来,随着市场经济的大潮,西方文化扑面而来,有些人唯西方为时尚,把民族的传统丢在一边。大批年轻人甚至比西方人还热衷于圣诞节、情人节与洋快餐,对我国各民族的重大节日以及中国历史的基本知识却茫然无知,这是中华民族实现复兴大业中的重大忧患。

中国之所以为中国,中华民族之所以历数千年而不分离，根基就在于五千年来一脉相传的中华文明。如果丢弃了千百年来一脉相承的文化，任凭外来文化随意浸染，很难设想13亿中国人到哪里去寻找民族向心力和凝聚力。在推进社会主义现代化、实现民族复兴的伟大事业中，大力弘扬优秀的中华民族文化和民族精神，弘扬中华文化的爱国主义传统和民族自尊意识，在建设中国特色社会主义的进程中，构建具有中国特色的文化价值体系，光大中华民族的优秀传统文化是一件任重而道远的事业。

当前，我国进入了经济体制深刻变革、社会结构深刻变动、利益格局深刻调整、思想观念深刻变化的新的历史时期。面对新的历史任务和来自各方的新挑战，全党和全国人民都需要学习和把握社会主义核心价值体系，进一步形成全社会共同的理想信念和道德规范，打牢全党全国各族人民团结奋斗的思想道德基础，形成全民族奋发向上的精神力量，这是我们建设社会主义和谐社会的思想保证。中国社会科学院作为国家社会科学研究的机构，有责任为此作出贡献。我们在编写出版《中华文明史话》与《百年中国史话》的基础上，组织院内外各研究领域的专家，融合近年来的最新研究，编辑出版大型历史知识系列丛书——《中国史话》，其目的就在于为广大人民群众尤其是青少年提供一套较为完整、准确地介绍中国历史和传统文化的普及类系列丛书，从而使生活在信息时代的人们尤其是青少年能够了解自己祖先的历史，在东西南北文化的交流中由知己到知彼，善于取人之长补己之短，在中国与世界各国愈来愈深的文化交融中，保持自己的本色与特色，将中华民族自强不息、厚德载物的精神永远发扬下去。

《中国史话》系列丛书首批计200种，每种10万字左右，主要从政治、经济、文化、军事、哲学、艺术、科技、饮食、服饰、交通、建筑等各个方面介绍了从古至今数千年来中华文明发展和变迁的历史。这些历史不仅展现了中华五千年文化的辉煌，展现了先民的智慧与创造精神，而且展现了中国人民的不屈与抗争精神。我们衷心地希望这套普及历史知识的丛书对广大人民群众进一步了解中华民族的优秀文化传统，增强民族自尊心和自豪感发挥应有的作用，鼓舞广大人民群众特别是新一代的劳动者和建设者在建设中国特色社会主义的道路上不断阔步前进，为我们祖国美好的未来贡献更大的力量。

陈奎元

2011年4月

目 录

引　言 …………………………………………………… 1

一　先秦时期旅行概说 ………………………………… 4
　　1. 黄帝行踪 ………………………………………… 10
　　2. 夏禹治水行万里 ………………………………… 15
　　3. 周穆王西游葱岭 ………………………………… 19
　　4. 孔子周游列国 …………………………………… 24
　　5. 李冰岷江考察 …………………………………… 31

二　秦汉时期（公元前 221～公元 220 年）
　　旅行概说 …………………………………………… 36
　　1. 秦始皇巡视天下 ………………………………… 39
　　2. 司马迁游历名山大川 …………………………… 45
　　3. 张骞通西域 ……………………………………… 51
　　4. 班超出使西域 …………………………………… 56

三　魏晋南北朝时期（220～581 年）
　　旅行概说 …………………………………………… 61
　　1. 竹林七贤寄意山水 ……………………………… 64

2. 王羲之墨染鹅池 …………………………… 69
3. 法显西行佛国取经 ………………………… 73
4. 陶渊明"悠然见南山" ……………………… 78
5. 谢灵运木屐登山 …………………………… 81
6. 郦道元考察山川水系 ……………………… 85

四 隋唐时期（581～907年）旅行概说 ……… 92
1. 隋炀帝游乐江南 …………………………… 100
2. 唐玄宗东巡泰山，行乐骊山 ……………… 105
3. 唐僧玄奘西行取经 ………………………… 109
4. 僧一行天文实测行千里 …………………… 116
5. 鉴真东渡传经 ……………………………… 120
6. 李白行程万里诗千首 ……………………… 127
7. 杜甫读万卷书，行万里路 ………………… 135
8. 白居易漫游江南 …………………………… 143
9. 柳宗元钟情山水 …………………………… 149

五 宋、元、明时期（960～1644年）
旅行概说 …………………………………… 155
1. 苏轼宦游四方 ……………………………… 161
2. 沈括"向山川求知" ………………………… 167
3. 耶律楚材随军旅行 ………………………… 173
4. 郑和七次下西洋 …………………………… 177
5. 李时珍踏遍青山寻百草 …………………… 184
6. 徐霞客万里遐征 …………………………… 188
7. 顾炎武察览山河，赋诗著述 ……………… 194

2

引 言

中华大地，山川壮丽，景色秀美，显示出无限风光。古往今来多少名流学者、文人墨客，身临其境，或作山川情趣的寻觅，或对大自然作归真返璞的追求，留下了著名的游记与诗篇，成为中华灿烂文明中的一朵鲜艳之花。旅游活动也得以蓬勃兴起，而且形成一种事业，不断发展。

"旅行"一词，虽见于东汉许慎的《说文解字》"丽，旅行也"，但我们祖先的旅行活动很早就已经有了。

"旅行"的含义，可理解为：结伴或个人外出行游，或长途、短程旅居参观，或求知探奇，或考察访古，或结合进行政治、经济与文化交流而游览山川的活动。所以，旅行与山水，结有不解之缘。

旅行，亦即旅游。是一种高尚的文化活动，又是一种精神享受，也是一门综合性的学问，还可以促进文化交流、贸易往来。欣赏山川之秀、岩壑之险、古迹之奇、园林之幽，或经大漠风沙、海洋漂泊之艰险，等等，总的说来，都可以增广知识，开阔视野，丰富生活，实为人生之快事。

旅游由于各人的文化素养与心境等方面的差异，也会有不同的效果。一般人的旅游，多只是欣赏山水风光，舒展视野，以求得身心的愉悦。而古往今来的名士学者，却在旅行中进行深入考察，对所游之处的人文、历史、地理、民情风俗，作细致的观察和询问，并收集书本上未曾记录的民间传说资料，写成游记或史书，在文化史上树立了一座座丰碑。例如：司马迁周游名山大川，写出《史记》，被称为"史家之极则"。徐霞客徒步万里，寻幽探奇，写下《徐霞客游记》，被誉为"天下奇文"，为祖国地理学开拓了一条新路。这都可以说，是旅行带来的丰硕成果。

中国，这个东方古老的文明大国，历史悠久、文化灿烂，有着丰富的旅游资源。我们的祖先，从各个不同的方面，探索物质世界的奥秘。他们的旅行活动，对大自然的认识逐渐深化，从而利用自然，征服自然，进而改造自然，创造出一个文明世界。所以，旅行史是祖国历史的一个部分。熟悉与热爱祖国的壮丽山河，是爱国主义内涵中极为重要的方面。在我们祖辈世代生长的土地上，先辈的足迹，历史的遗存，巍巍的山峰，滔滔的河水，都能唤起我们对祖国的一片深情，增强我们的爱国热忱与民族自豪感。

本书叙述，以时代先后为顺序，以旅行人物为中心，分为先秦、秦汉、魏晋南北朝、隋唐和宋、元、明五个时期。在每个时期的开头，对其历史背景作一概述，补记一些旅行家和旅行事迹。而后，介绍几位最具代表性的旅行家，从而使读者了解其旅行活动及对社会的影响和历史意义。

　　本书为篇幅所限，时间上只选取上自黄帝，下至明清之际与旅行有关的历史人物及其活动，作简略叙述。虽然如此，也还可以从中了解中国古代旅行发展的概况和各时期的特点。

　　在编写过程中，笔者曾阅读正史，并参阅和引用了当代有关论著、史话、传记、故事、年谱、诗选以及报刊的论文、名胜古迹介绍等著作，吸取了学者专家的研究成果。引文中，恕未一一注明出处。在此，谨致衷心谢意。

一 先秦时期旅行概说

中国古代旅行活动，应从黄帝讲起。古史传说的炎黄时代，大致相当于考古学上新石器时代仰韶文化时期。这时，中国已进入农业社会。农作物出土的有黍（黄米）、粟（小米）、稻，还有高粱和莲子（郑州大河村遗址）。蔬菜有白菜、芥菜、油菜等。饲养的家畜有猪、狗、牛、羊和鸡等，可能还有马。居住条件大有改善，有单间式和连间（2、3、4间相连）式房屋，推拉式屋门。村落增多，形成大村落，还有壕沟之类防御设施，如西安半坡、临潼姜寨等遗址。手工业已有分工，可烧制陶器，制作石、玉、骨、象牙等器。能纺织蚕丝、麻布。出土原始黄铜。建筑技术有了很大提高，甘肃秦安大地湾遗址出土的"殿堂式"房址，是中国建筑史上的创举。仰韶彩陶花纹中出现太阳、月亮、日珥、星座、六角星等天文图像。刻符出现的也较多，有的符号与甲骨文中的某些字样相似，已具有文字性质。手工业原料中的玉、绿松石、象牙，大都不产于本地，说明贸易交往有了发展。《史记》说"披山通道"，大地上有了通途大路。浙江河姆渡遗址出土的木桨，仰韶陶器中发现的船形壶，说明当时人们已能"刳木为舟"，开辟了水上交通。河南濮阳西水坡遗址出土的蚌壳摆塑的龙虎图案，反映了当时文化上的重大进展。这时，已进行文化交流，出现文化大融合。郑州大河村遗址以仰韶文化为主，同时出现一些山东大汶口、湖北屈家岭以及长江流域原始文化色彩的遗物。它成为文化交流与融合的"热点"。黄帝东征西讨，统一中原，奠定了古代国家的基础。这为古代旅行活动创造了必要的社会环境和物质条件。

黄帝的行踪，据《史记·封禅书》载："中国华山、首山（首阳山，应即山西中条山）、太室（今中岳嵩山）、泰山、东莱（今山东黄县境内），此五山，黄帝之所常游，与神会。"黄帝还到过黄山，远至昆仑山。他当是中国旅行家之鼻祖。

帝颛顼，为黄帝之孙，称高阳氏，都于帝丘（今河南濮阳）。颛顼巡游四方，《大戴礼记·五帝德》载："高阳……乘龙（此处应指乘骏马）而至四海。北至于幽陵（即幽州，今河北北部），南至于交阯（即交州，今越南北部），西跻于流沙（今甘肃张掖居延泽），东至于蟠木（东海中的度朔山，上有大桃树。今地不明）。"颛顼是古代大宗教主，是一位有革新能力的大人物，又是继黄帝之后的大旅行家。葬于东郡顿丘（今濮阳）城南广阳里（今濮阳西水坡仰韶大墓与颛顼家有何关系，值得探讨）。

舜帝，一称虞舜，古代五帝之一。生于妫水（今山西永济）。《史记·封禅书》说他曾巡游泰山、华山、嵩山、衡山、恒山等五岳名山。晚年，巡视南方，死于苍梧之野，葬于九嶷山上。今湖南宁远县境九嶷山前有舜陵，竖立了"帝舜有虞氏之陵"石碑，并建有舜庙，山西运城亦建有舜陵，都为后人凭吊之胜地。

舜之二妃——娥皇、女英，随舜帝南巡，留居于洞庭湖君山，当听到舜死苍梧的消息后，急速乘船赶赴湘江之滨，遥望九嶷而泣，泪水洒遍江边竹林。因而，那翠竹上的斑纹，就传说为二妃泪痕。后人称这种"斑竹"为"湘妃竹"。二妃过湘江，遇风浪，淹死于湘江之间，后人称为"湘神"。葬于洞庭湖君山。这君山是一座深绿色的美丽小岛。唐代诗人刘禹锡《望洞庭》诗曰："湖光秋月两相和，潭面无风镜未磨。遥望洞庭山水翠，白银盘里一青螺。"诗人把湖水中的君山，比作白银盘里一颗精巧玲珑的青螺，描绘了此山幽美的风光。至今，湘妃墓前立有"虞帝二妃之墓"碑。墓前引柱上刻一对联："君妃二魄芳千古，山竹诸斑泪一人。"该墓现已成旅游名胜地。

夏代（据推算，应约公元前21~前16世纪），大禹建立夏王朝。他为了治理洪水而巡视九州，这在中国古史上占有重要一页。这个时代，大致相当于考古学上龙山文化与二里头早期文化时期。现今发现龙山城址多处，又发现龙山文字。出土铜器、玉器、木漆器、陶器、原始瓷器、石灰、磬、鼓乐礼器和水井等，农业有黍、粟、稻、小麦等作物，家畜有猪、狗、鸡、牛、羊、马六畜。由此可见当时社会已有很大发展。

《史记·夏本纪》载，禹抑洪水，"居外十三年，过家门不敢入。……陆行乘车，水行乘船，泥行乘橇，山行乘檋。……开九州，通九道，陂九泽，度九山"。说明当时交通已形成网络。

商代（约公元前 16～前 11 世纪），现已发现大型宫殿基址、城址，如偃师商城、郑州商城、垣曲城、盘龙城等。此时青铜器铸造兴起，农业上已使用青铜工具。

道路交通向四方辐射，东至于海，东南至江浙一带，东北至辽东一带，北达蒙古，西通陕西、甘肃。交通工具有：车、舟、辇、马、牛、象等。其中，以陆行乘车、水行乘舟为主。马车、牛车、战车、猎车奔驰在大道上。更有骑马代步，尤为迅速。在交通干道上设有"羁舍"（即旅舍），10 里有庐，庐有饮食。30 里有宿，宿有路室，便于旅人往来。又设立驿站，便于传递信息。

西周（约公元前 11 世纪～前 771 年），以宗周（丰京、镐京，今西安境内）为中心，通达四方各地。水路乘船，陆路乘车，以马车为主，骑马的人渐多。水陆交通较为发达。又设有邮驿、馆舍、客舍，为旅行往来，提供了方便。这时，有四个爱好旅游的国王：昭王、穆王、宣王、幽王。

周昭王（姬瑕）南巡云梦（今长江中段一带），归途中经汉水，登上楚人安排的大船渡江，船到江中，忽听一声惊呼："船漏了！"船底裂开，沉下河底。昭王落入水中，淹死了。后知是楚人故意用"胶水"黏合船板，"胶粘"受江水浸泡而溶解，致使船裂下沉。

周穆王（姬满）西巡葱岭，又游中亚或更远的地方。近年来，安阳殷墟妇好墓出土750件玉器，已鉴定约300件，大部分是新疆玉。这可说明穆王西游，应近事实。同时，也说明早在西周之前，中原与西北地区或更远的一些地方，已有一定的往来与联系。

周宣王（姬静）东去圃田一带（今河南中牟）游猎，跟随的将士个个刀箭并举，逞强争胜。正在狩猎时，忽听到宣王在车上大叫一声，往后仰倒。原来飞来一箭，射中了宣王的心窝，宣王因伤致死。

周幽王（姬宫涅）与褒姒同游骊山。幽王为了博得褒姒一笑，登上烽火台，下令点燃烽火，一时烟火冲天，各地诸侯望见烽烟，以为京城告急，纷纷率兵赶来救援。当诸侯兵来到骊山时，只见幽王与褒姒合掌大笑。后来，京城果真告急，再举烽烟，却无人理会。幽王被杀，西周遂亡。

东周（春秋、战国时期。春秋，公元前770～前476年；战国，公元前475～前221年），周王室衰弱，不再有控制诸侯的力量，出现大国争霸七雄并峙的局面。但社会经济却有很大发展。农业上铁工具普遍使用，牛耕出现，生产力大有提高。贸易往来增多，商业都市出现了。如齐都临淄（今山东临淄）、赵都邯郸（今河北邯郸）、楚国的郢（今湖北江陵）、韩国上党（今山西长子）以及大梁（今开封）、洛阳，都是当时著名的商业大城市，也是旅游中心。

交通也有很大发展，既有内河又有海上交通。内河以黄河为干线，全国九州几乎都可通达。吴国开凿的邗沟，沟通扬州与淮安，贯通了长江与淮河两大流域，是我国最早的一条运河。魏惠王凿鸿沟，从荥阳引黄河水南流，分别与济、汝、淮、泗四水联系起来，奠定了我国南北大运河的基础，大大地便利了水上交通往来。

这一时期，产生了许多政治家、思想家、军事家。其中，政治家、思想家首推孔子，军事家首推孙武。孔子周游列国，宣传他的学说，创立儒家学派，影响极大。

战国时，孟子行游于齐、梁、宋、滕、魏国之间，宣扬"仁政"。

孟子（约公元前372～前289年），名轲，字子舆，邹国（今山东邹县）人。后世尊称"亚圣"。他提出"仁政"、"民为贵"的学说，欲以此限制诸侯分裂割据战争，达到全中国统一的目的。为此，孟子先后游历齐、梁、宋、滕、魏等诸侯国，宣扬儒家学说，希望能说服各国君主，但终于未能得到重用。最后，他离开齐国，结束了列国的周游，退居邹地家乡，从事教育和著述，留下《孟子》一书。

孟子家乡邹县峄山，怪石层叠，是一座名山。孔子曾"登东山而小鲁"，即登此山。孟子也曾登山览胜。此后，历代帝王、名人，大都曾来光临，形成每年农历二月初二的"峄山古会"。

这个时期，屈原遭到放逐，流浪于沅、湘流域，跋涉途中，行吟于山水之间。

屈原（公元前340～前278年），楚国秭归（今湖北秭归）人。他坚持合纵，反对连横，力求统一。主张楚应东联齐、西抗秦，楚怀王不听，屈原被流放于汉北。待顷襄王继位，又遭放逐。他在沅、湘流域游荡，写出了《离骚》、《天问》、《九歌》、《九章》等著作，表达了对国家前途的忧虑。在悲愤绝望中，于公元前278年农历五月五日投汨罗江自尽，葬于汨罗山。传说后人为了纪念他，特定农历五月五日为端午节（据考，早在周代已有"五月五日，蓄兰为沐"之说）。这一日，向汨罗江"以竹筒贮米，投水以祭之，以楝叶塞其上，以彩丝缠之，不为蛟龙所窃，是即粽子之原也"（吴均《续齐谐记》）。从此，民间流传着端午节吃粽子（据《荆楚岁时记》载，"夏至节日食粽"的习俗，早在屈原之前已经有了）与赛龙舟的风俗。在湖南汨罗建有屈子祠，以纪念这位伟大的爱国诗人。1953年，屈原被列为世界文化名人。

战国后期，水利事业有了很大发展。其中，李冰经考察，设计出宏伟的分洪堤堰，为中国古代最大的水利工程之一。

李冰，魏国人，秦昭王时投奔秦国，被任命为蜀（今四川成都一带）郡守。行游于岷江流域，实地考察。兴建都江堰，对蜀地的农田水利和交通运输，都作出了重大贡献。

1 黄帝行踪

炎黄二帝，中国人共尊的老祖先。黄帝的史实，尚未有文字记载。司马迁通过自己的实地考察，认为确有其人，也实有其事。所以，在《史记·五帝本纪》中首称黄帝，将其视为中国古史中最早的帝王。

黄帝，中国古代五帝（黄帝、颛顼、帝喾、尧、舜）之首。生长于姬水（陕西关中或即漆水）之畔，以姬为姓，名轩辕。他为黄土高原上华夏部族的大首领，故称黄帝。黄帝部落与相邻的炎帝部落是同族的兄弟部落。炎黄部落融合而为一个部族，共同组成华夏集团，在当时三大集团（华夏、东夷、苗蛮）中势力最大，文化比较发达。黄帝经过52次作战，使当时天下人都归顺了。在这样的大好局势下，炎黄共同组成中原部落大联盟，统一中原地区。

黄帝统占中原后，成为部落联盟大首领。他由都陈（今陕西宝鸡陈仓）而迁都有熊（今河南新郑）。这时，中原各族之间几乎没有纷争，和睦共处。他为中原人民的生活与部族的安全着想，同时，又想到进一步了解自然以求征服自然，推动社会的发展，因此，巡视四方，漫游天下。

向东行，至于东海岸，登上丸山（今山东临朐县境），再上泰山。往南巡游"齐鲁"之地，关心人们的生产和生活，各地人们都十分高兴。往西至桓山（今江苏徐州东北）。黄帝又回到泰山之上，会合各部落。这是一次各部落首领的大会合。黄帝令人创作《清角》乐典，歌唱此次泰山会合的大胜利（《韩非子·十过》）。

向西行，经过关中故里，来到崆峒山（今甘肃平凉县西），登上鸡头山（即崆峒山）。问道于山中的长老广成子，受自然之经，了解自然，认识自然的变化（《史记·五帝本纪》、《庄子·在宥》）。

向南行，登上熊山（今河南西部熊耳山），以望江汉地理形势。南巡长江，登上湘山（今湖南岳阳洞庭湖中君山），以观察江南山水自然情况（《史记·五帝本纪》）。

向北行，征服了北地山戎（匈奴之别名），与诸部落会合于釜山（今河北怀来县境内）。并在涿鹿山下建立聚邑，曾一度都于此（《史记·五帝本纪》）。

黄帝又游于赤水（应在今青海南）之北，登上昆仑山。据"河出昆仑"之说，此山在今新疆与青海境内。又有说，昆仑山是指肃州酒泉县南山，即小昆仑山。山上建有一座庄严华美的宫殿作黄帝的行宫。山下有一条清澈的瑶水，流入瑶池。又有清芬而甘美的水泉，名叫醴泉。四周长着奇花异木。醴泉与瑶池，同是昆仑山的风景胜地，是黄帝常来游览的地方。

据《水经注》，甘肃天水地区有轩辕溪、轩辕谷，又有黄帝生于天水之说，是黄帝的活动中心地之一。现今，天水附近秦安大地湾遗址，发现仰韶文化晚期距今5000余年的一座大型殿堂式建筑，坐北朝南，主室东西长16米，进深约8米，室内面积约131平方米。值得注意的是，室内建有硬度相当于现今100号砂浆水泥的地面。整个建筑面积约420平方米。左右对称，主次分明，形成一个规模宏伟、结构复杂的建筑群体。若从地域与年代上看，它与轩辕丘宫殿有何关系，值奔流，激起峡谷中一片雷声般的震响。

三门峡曾留有禹王治水时的遗迹。附近有7口水井，传说是大禹时挖的井，所以三门峡又有"七井三门"之称。在原鬼门岛的山崖头有两个圆坑，像是一对马蹄印，但印迹却比井口还大，叫做"马蹄窝"，传说是大禹跃马过峡时马的前蹄踩下的印迹。三门峡上游建有禹王庙，供人们祭祀这位治水的祖先。

禹辟伊阙。黄河东流经洛阳平原，其支流之一的伊水，流经洛阳之南被一座山挡住河道，上流泛滥，禹于是也把这座山一分为二。这无疑是因地震或地壳变化而中断的。其形势有似黄河龙门。两侧山峰突起，形成"阙"的形象，故名"伊阙"，又叫"伊阙龙门"。这里称为"龙门"，大约是汉以来的称呼。大禹曾在这里疏导清理伊水，使其从阙间北流入洛，平治了伊河水患。

禹疏九河。黄河水，特别是下游，以"善淤、善决、善徙"著称于世，所以水灾较多，须大力治理。这也是大禹治水的重点地区。大禹来到黄河下游巡视河道，注意观察主流若干条，数目可能有十几条。《尔雅·释水》指出的河名有：太史、覆釜、胡苏、徒骇、钩盘、鬲津、马颊、简、絜九河，都在今山东、河北之间的平原上。大禹顺着水势，把主流河道加深加宽，使水由"地中行"，东流入海。上流有所归，下流有所泄，就可不致为患。又把其他涣散的支流水掘通，使归于主流。这些主流河道，此后就名为"九河"。从此，"九河既道"，东方水患，基本得到治理，于是人民可以"降丘宅土",发展生产。

禹治理洪水,曾经三次到桐柏山(今河南省桐柏县西南)巡视,调查了淮河河道的深浅与河床宽窄的情况,清理了河道中数以千计的怪物、乱石的堵塞,从而使淮河通畅流入东海中。

大禹治理的主要是北方的河流,但南方的河流也曾疏导过。他来到巫山三峡,开山的凿子声音,如同雷车滚过似的,凿挖顽石坚岩,清除乱石泥堆,使长江之水顺流东下。

相传禹导水至巫峡,其中有一条龙错开一道峡谷,禹怒,遂斩之,明示儆戒。至今巫山县还有"错开峡"、"斩龙台"等古迹。

禹东巡登衡山(一名会稽山,在今浙江绍兴。《水经注》中,禹"血马祭山"为南岳衡山),杀白马,以马血祭天地。禹仰天而笑,悠然而卧,梦见绣衣男子告诉禹说:"金简青玉为字之书,藏在黄帝之岳,岩岳之下。"禹乃登苑委之山(会稽山一峰),发石,乃得金简玉字以及水泉之脉。山中有一穴,深不见底,民间传说禹曾入其内,故称"禹穴"。西汉司马迁曾"上会稽,探禹穴",可能就是到此地。

禹治水,曾到达江西九江彭蠡和庐山。《史记·河渠书》:"余南登庐山,观禹疏九江。"如今庐山大汉阳峰上的"禹王崖",就是因大禹登临而得名的。后人在崖上勒石记其功。大禹渡过鄱阳湖进入长江中的大孤山(鞋山),也曾勒石,今已无存。

禹东巡狩,又来到会稽山,此山本名苗山(茅山)。

禹登上苗山，会合天下诸侯开会献计献策，共商国是和治水方案。这次会，促进了古代中国的统一大业。此山因而更名为会稽山。其意即为会聚计议的地方。

大禹及其助手在外奔走了13年，风餐露宿，不畏严寒酷暑，艰苦工作。禹经常蓬首垢面长途跋涉。由于长年累月地泡在泥水里，他的脚趾甲脱落了，小腿上的汗毛也掉光了。足部有了病，走起路来后脚迈开不过前足，好像半跳式走路状，后人叫做"禹步"。

夏禹治水13年，曾经3次经过自己的家门口，都没有进家门看一看。《夏书》说："禹抑洪水十三年，过家不入门。"真是"公而忘私"。

大禹因积劳成病，不幸病逝。死葬何处？颇难稽考。一说，禹原居大夏之地，死后亦应归葬故土，有可能葬于山西崇山（俗名塔儿山）附近。一说，禹死葬于会稽山，山上建有大禹陵。无论哪一处，都吸引着海内外游客前去凭吊这位功垂青史的大禹。

3 周穆王西游葱岭

中国古代史上旅行路程最远的一位天子，就是周穆王，又称穆天子。

周穆王（姬满），西周第五代国王，为周昭王之子。继位时，年已50岁。在位55年（约公元前976～前922年）。去世时，当在百岁以上。穆王"欲肆其心，周行于天下"，作了一次中国古史上行程最远的有名的西游。西行葱岭与旷原，见西王母。留下了中国最早的一本游记——《穆天子传》[西晋太康二年（281年）汲郡（今河南汲县）人不准盗发战国魏襄王（公元前318~前296年）墓，得竹简数十车，其中有《穆天子传》5篇]。

穆王即位后开始巡狩天下，命令极会驾驶马车的造父为御，驾了8匹骏马拉的车，带了七萃之士，由镐京来到洛阳，开始起行，走了不几日，到了漳水（今河南安阳境）。渡漳水，向北到正定，再向西一直到钘山（太行山），此山自南而北蜿蜒千里，奇峰矗立，险境难行，穆王和七萃勇士来到山下。他们行猎追赶野兽的时候，闯进了一条狭窄的山谷道，从这条山道可走出钘山，不必向山顶爬过。这条路就是现在的井陉。

进井陉，到了山西平定盘石故关，登上赞皇鄽（音juān）山（河北赞皇西与山西昔阳交界处），以望临城，并在山上设坛祭天。再往北，沿着滹沱河上游，来到雁门关（今山西代县境内）。仍纵辔向西，走了几天到了河套地区，在草原上大猎一场。又继续西行，在草原上奔驰前进，很快来到阳纡之山（大约是内蒙古大青山），这一地带山高河阔，气势壮伟。穆王便在阳纡山西端不远的燕然山上（约是今内蒙古包头西之乌拉山），召集附近各地方部族首领，举行朝会典礼。又择吉日举行祭河之礼。穆王亲自穿上皇家礼服，手捧玉璧，南面而立，祭祀河神，低首再拜，然后，把璧和牛、马、猪、羊沉在河里，作为祭礼。又西行至黄之山（今内蒙古狼山），再次举行朝会之礼。

黄之山朝会之后，沿河西南行，经贺兰山，直至乐都（今青海乐都），再南行，即到积石山。这积石山乃是黄河上源附近的地方，半山之上都由乱石堆积而成，故名积石。山顶终年积雪，高寒清旷，好像与世隔绝。穆王到此，甚觉荒凉，不禁感叹地说："我对于国家与人民没有做出什么功绩，却远游到此，后世一定会追数我的过失哩！"随从的七萃之士便回答说："天子谦逊，后世所望。只要天下的农工，各得其所，男女老少人人有饭吃，有衣穿，百姓过着富裕的生活；做官的人，都能尽本分，不谋私利，不只求快乐，而与民共利，与民同乐，这是世人所知的常情道理。"穆王听后，觉得话说得很中肯，便解下左边的佩玉赏赐勇士，以资奖励。

天子过积石山的西南边，见有一片大草原，原上有野兽，可以打猎。居民见穆王来到，献上100壶美酒，以表敬意。穆王和勇士们一同饮了酒，遂向昆仑山进发。天色已晚，宿于昆仑之阿（应指今于阗南山，即昆仑山。一说当在喀喇昆仑山西部）。

昆仑山（一说即今祁连山），相传黄帝曾登上此山，并有他居住过的宫室。大禹治水也曾"导河积石"。穆王专程上山，登上昆仑之丘，观看黄帝的宫室，并准备了牺牲祭祀昆仑的山神。

离昆仑山不远，有一个珠泽，方圆约30里（今新疆哈拉喀什河极南端，可能指阿克赛钦湖）。穆王祭罢昆仑山，下到珠泽附近观赏风景。湖水清澄，游鱼甚多。于是穆王垂钓于其上。泽边的居民，闻知周天子御驾出游,乃献上白玉、酒10坛、马300匹、牛羊3000头,以表敬意。穆王便把昆仑山下一块小地方分给土人首领为封地,命令他守卫着昆仑山上的黄帝宫室和舂山(指今帕米尔高原)的宝藏。并赐他金环、朱带、具饰、工布以及黄牛多头。然后北征,向舂山进发。

穆王登上舂山,遥望四野,说:"舂山是惟天下之高山也。"山上草木繁茂,不畏冰雪。于是在山上采了许多奇花异树的种子,带归中原种植。山里有许多珍禽异兽,有赤豹白虎,熊罴豺狼,野马野牛,山羊野猪,还有白鹤青鵰。这种青鵰,可以把羊、犬、豕,甚至鹿,都抓起来吃掉。穆王在舂山上游览了5天,便命工匠刻一块石碑,铭记这次来游的事迹。立在"县圃"之上,留作纪念。

穆王继续西征,来到赤乌(当在今兴都库什山西部)。当地人夹道欢迎,献上美酒千斛,食用马900匹,羊牛3000头,稷麦百车。穆王命郊父收受了这份厚礼。赤乌首领说:"我赤乌氏原是周的后裔,当初古公亶父时,有个臣子名季绰,执事勤劳,得到古公的信任,古公便把长女嫁给他,封他在舂山之旁(即兴都库什山),他就是我们赤乌氏的祖先。"穆王得知赤乌氏原是周的后裔,心里很高兴。乃赐赤乌人黑色车4辆、黄金40镒,贝带50条,明珠300包。赤乌人拜谢收下了。这一山区地带是玉的出产地。而且草木肥美,尤其是稻禾长得大。于是穆王选取这种嘉禾种苗,带回中原栽种。这期间,赤乌人向穆王献上美女两名为王妃。在这美好的境地、美好的时刻，穆王命乐人演奏乐曲。这种乐曲是赤乌人从来没有听见过的，大家都很高兴。

穆王休息5天之后离开赤乌东归，经春山来到洋水（今新疆喀什噶尔河），渡河，进入曹奴（今喀什）。喀什人在洋水之上宴请穆王，献上食用马900匹，牛羊7000头，穄米100车。穆王命逢固收受了。穆王乃赐喀什人用黄金制成的鹿，用白银制成的麋，贝带40条，明珠400包，喀什人拜谢收下了。

穆王北征东还，来到黑水（今新疆叶尔羌河）。沿着黑水往前行，到了群玉之山。这座山，不长草木，也没有鸟兽。雪白莹洁的山景，呈现着夺目的光彩。穆王在此休息了4天，采了许多美玉，计有玉版3车，玉器服饰、宝玉达万件。这座群玉之山（应即今新疆叶尔羌及其西南的密尔岱山），至今仍是世界著名的出产美玉的地方。

穆王从群玉之山往北行，到喀什噶尔附近，再转西行，进入剞闾氏（应在阿赖山谷地），到达鄄韩氏（应即撒马尔罕）。这里气候温和，穄麦长势很好，马、牛、犬、羊畜牧业昌盛，也产宝玉。

最后到达旷原（应即中亚吉尔吉斯高原）。这一带应是西王母之邦所在地。穆王作为西王母邦的贵宾，手执玄圭白璧为贽礼，以见西王母。并送上锦绸300匹，西王母拜受了。西王母在瑶池之上（一说瑶池，今新疆阜康天池）宴请穆王。席间，宾主饮酒对歌。西王母作歌："白云在天，山陵自出。道里悠远，山川间之。将子无死，尚能复来。"穆王答歌："予归东土，和治诸夏。万民平均，吾顾见汝。比及三年，将复而野。"酒后，穆王命工匠刻了一块"西王母之山"5字石碑，并种一株槐树，作为纪念。

穆王在旷原打猎，获得许多珍禽异兽，满载而归。即由此地东还。经滔水（应为楚河），过苏谷（今伊塞克湖），来到黑水之阿（今新疆叶尔羌河）巴楚一带，登上采石之山（今新疆阿克苏哈拉玉尔滚山）往东行，至长沙之山（今焉耆沙山），再往东，到文山（今哈密俱密山），进入甘肃酒泉，一直往东北行，经巨蒐氏（今内蒙古乌兰察布盟一带），至山西，沿太行山，经雷首山（中条山），南渡河，到达南郑（今陕西华县），再回镐京（今西安）。这次大游历，往返行程约24000里。这在中国古史上，可算是一次伟大的长征，周穆王也可谓是沟通东西交通的第一位友好使者。

4 孔子周游列国

孔子是中国而且是世界文明史上伟大的思想家之一。孔子思想在中国社会文化中举足轻重，并且日益具有广泛的国际影响。他被列为世界十大思想家之首，世界四大哲学家之一。

孔子，名丘，字仲尼。生于周灵王二十一年（公元前551年），距今已有2560余年。

孔子的家，原在鲁国陬邑（今山东泗水县东南），后迁居曲阜。据考证，其祖籍在今河南夏邑。相传，孔子的父母很希望得到一个儿子，曾在曲阜东南的尼丘山上祷告。后来生下一个男孩，就起名丘，字仲尼。孔子3岁丧父，17岁丧母。幼年过着孤苦的生活。从少年时代开始，他就非常刻苦学习，所以，虽然年轻，却很有名。孔子19岁结婚，20岁时得了一子，鲁国的国君闻讯前来道喜，特地送来一条大鲤鱼。孔子为了纪念这件事，便给儿子取名鲤，字伯鱼。

由于刻苦学习，孔子成为具有礼（礼节）、乐（音乐）、射（射箭）、御（驾车）、书（识字）、数（计算）六艺博学而多能的人。

孔子30岁时，博学的名气越来越大，很多人愿意送孩子来做他的门徒。孔子设杏坛讲学。于是，他成为中国历史上第一位大教育家，是中国教育事业的开山祖师。

孔子34岁时，鲁昭公派他和他的弟子南宫敬叔一同到东周京城洛阳去观光。主要是与当时另一位大思想家老子相会。这次会见，孔子问礼于老子，虚心求知，深得老子的器重。至今，洛阳东关大街仍立有《孔子入周问礼》碑。

周敬王三年（公元前517年），孔子35岁时，鲁国政乱，孔子出走齐国，这是他的第一次旅行活动。在齐国，他与齐太师谈论音乐方面的问题。闻韶音，专心学习，竟然"三月不知肉味"。这种刻苦学习的精神，得到齐国人的称赞。

齐景公向孔子请教政治的大道理，孔子提出了"正名"的主张："君要像君，臣要像臣，父要像父，子要像子。"意思是各人要按其名分办事，才能维持社会上的统治秩序。景公听了便说："说得对呀！如果君不君，臣不臣，父不父，子不子，虽然有粟米，我怎能吃得上呢！"

过了几天，景公复问政于孔子，孔子看到齐国当时的社会弊病在于奢侈浪费，于是说："政在节财。"景公听了表示满意，想要把尼谿地方的田封给孔子。可是，齐国的大臣不赞成孔子的主张，而齐国的贵族也害怕孔子在齐国当政，便想陷害孔子，孔子也有所耳闻。最后，齐景公对孔子说："我老了，不能任用你来图谋改革。"孔子听了，于是离开齐国，返回鲁国。

周敬王二十年（公元前500年），孔子当了鲁司寇的第二年，齐国的大夫对齐景公说："鲁用孔丘，其势危齐。"鲁国重用孔子，国家强盛起来，这种形势对齐国来说是个危险。于是，齐景公派人到鲁国来，告知要和鲁国举行一次夹谷（今山东莱芜县，泰山东）之会。打算在这次会上使鲁国屈服。鲁定公十年（公元前500年），齐侯与鲁定公会于夹谷。齐国想用兵劫持鲁定公。孔子有所觉察。他为鲁司寇，参加相礼，提出建议，有文事必有武备，事先做好军事准备。在会上，孔子态度严正，阻止了齐国军士一拥而上的失礼举动。齐景公看到鲁国早有准备，不可轻易劫持，便匆匆地结束了会议，并把以前占据的郓（今东平）、谨（今宁阳）、龟阴（今泰安市东南）三处汶阳之田归还鲁国。鲁在泰山附近筑谢城，以表彰孔子之功。

鲁国国内秩序暂时得到安定，而齐国执政者却商议说："孔子为政必霸，霸则吾地近焉。我之为先并矣。"意思说，孔子当政必定称霸天下，齐与鲁邻近，必先兼并齐国。我们要离间孔子在鲁国的关系，阴谋设法引起孔子与鲁定公之间的不和。于是，齐国选美女80名，良马30驷（四马为一驷），专程送给鲁君。从此，鲁定公沉醉于美女歌舞，不问国事。孔子的处境，也就显得十分尴尬。

于是，孔子辞了职，率领弟子们离开鲁国，开始了他的周游列国之行。

往何处去？东边是齐国，不能往东走。于是选择向西行，先去卫国。到了卫都帝丘（今河南濮阳），居住了10个月。由于卫灵公听信了臣下的谗言，说孔子带来弟子很多，各种人才都有，可能有什么企图。灵公便派了一个人去监视孔子的行动。孔子唯恐获罪，于是离开了卫国。

孔子出了卫东门往南走，经过匡地（今河南长垣县境内）。匡人见了，误以为是鲁国阳虎来了，因为阳虎曾经带兵骚乱过匡地，而孔子的面貌有点像阳虎。匡人对孔子有了疑心，阻止孔子进城，并围拘了他5天。孔子镇静如常。他的一个弟子公良儒很勇敢，带头与匡人战斗，匡人也害怕了，遂自解围而去。

孔子来到宋国，意在考察殷礼。这时，他在一棵大树下与弟子温习礼仪。正在演习时，曾被孔子批评过的宋国司马桓魋带了一帮人，把树砍倒，还想杀害孔子。为了免去在宋国遭到更多的劫难，孔子与弟子们离开了宋国。

来到郑国（今河南新郑）时，有的弟子走散了，孔子独立在城郭东门。弟子子贡找不到老师，逢人便问，有个郑人告诉他："我在东门看见一个人，长得很体面，两腮像尧帝，脖子像皋陶，两肩像子产，腰下像大禹，样子很狼狈，好像一条丧家狗呀。"子贡知道这一定是指孔子。果然，在东门找到了孔子。子贡把刚才听到的话告诉孔子，孔子笑道，说形状相貌，那是次要的，说我像丧家犬，那就说对了，说对了呀。

来到陈国宛丘（今河南淮阳），居住了3年。这时，晋楚争强，吴国侵陈，陈国处于混乱中，孔子离开陈，迁于蔡国（今河南上蔡），在蔡国又住了3年。吴国举兵伐陈，楚国救陈，驻军于城父（今安徽亳县东南）。楚昭王派人礼聘孔子。而陈蔡的大夫商议："如果孔子见用于楚，则陈蔡用事大夫就危险了。"于是打发一些徒众，围困孔子于陈蔡之间的郊野上，断绝了他们的粮食，7日不得食。弟子们又饿又累，有些人饿倒了。但是，孔子照常讲诵，弦歌不绝。子路面带怨色问孔子道："有道德学问的人也遭难么？"孔子说："有道德学问的人并非不遭难，但他虽遭难也不动摇。没有道德学问的人一遇难却会变节。"颜渊说："夫子之道至大，故天下莫能容。虽然如此，还可以推而行之。不容然后见君子，才能考验有道德学问的人的涵养工夫。"孔子听了，欣然而笑，就用颜渊的话安慰大家。子贡与楚交涉好了，楚昭王派兵来迎接孔子到达负函（今河南信阳）。这时，孔子63岁。楚昭王打算重用孔子,准备分封给他书社地700里。可是,楚国的贵族不赞成,当权的令尹子西说:"当今楚国有如子贡、颜回、子路、宰予这般人才吗?都没有。今孔子得据土地,贤弟子为佐,非楚之福也。"楚昭王于是打消了原来的念头。是年秋,楚昭王在城父病死。孔子发觉楚国贵族势力大,好人不易出来办事,便放弃了留在楚国的打算。而这时卫国的政局趋于稳定,于是,孔子决定回到卫国。

孔子再到卫国,卫君想请孔子为政,子路问孔子道:"这次卫国国君请夫子为政,夫子首先要做什么?"孔子答道:"当然先要'正名'。"即整顿名分,让名称与职务相符合。"名正言顺,名不正则言不顺。"这反映了当时局势的混乱,争权夺利,互相欺诈,名与实不符。孔子的这种主张,显然得不到当政者的重视。

过了一年,孔子的弟子冉有在鲁国立了功。因为齐国入侵鲁国,交战结果是冉有统率的季氏军打了胜仗。鲁国当政者季康子问冉有说:"你的军事才能从哪里学来的?"冉有说:"从孔子那里学到的。"于是季康子派3位代表带上重礼迎接孔子回归鲁国。这时孔子已是68岁的老人了。

孔子自从离开鲁国到各地去,已经过了14年的漂泊旅行生活。但这种艰难曲折的漫游历程,也使他眼界更开阔,分析事物更深刻了。

孔子回到家乡,经过泰山旁的一座小山前,见一位妇女在墓前痛哭。他要子路去询问,那妇女哭诉着说:她的公公、丈夫和儿子都被这里的老虎吃掉了。

孔子劝她搬走避难。妇人回答说：这个地方虽有虎，但没有苛捐杂税呀！孔子听了，感叹地说：唉！"苛政猛于虎"。泰山王母池东侧的虎山，由此得名。

孔子与弟子登上泰山，站在玉皇顶西一座山峰上眺望云天，仿佛看到吴国国都（今苏州）皇宫正门外拴着一匹白马。后人称这一山峰为望吴峰。峰下建有孔子庙。至今，泰山上留有"孔子登临处"、"孔子登泰山而小天下处"等纪念物。又，"登东山而小鲁"。东山即峄山。其最高峰——五华峰，峰顶对面有"孔子座"，传为孔子登峰观日出处。

孔子周游列国，历经风险。因为孔子讲的是仁爱忠恕之道，要爱人，重礼信，己所不欲勿施于人；主张恢复西周的统一局面，让人们安居乐业。这种思想，显然不符合当时各诸侯国分裂割据、兼并称霸的"潮流"，所以到处碰壁。但是，孔子思想对后世影响深远，为中国社会安定团结提供了思想基础。后世尊称孔子为"至圣先师"。

孔子回到鲁国后，一面设坛讲学，一面著书立说。编定《诗》、《书》、《易》、《礼》、《春秋》、《乐》。而《论语》是关于孔子言行的记录，为其门弟子所记，是研究孔子思想最主要的资料。

周敬王四十一年（公元前479年），孔子73岁逝世，葬于鲁城北泗上。今山东曲阜县城北2里有孔林、孔墓。

1994年，曲阜孔庙、孔府、孔林，已被联合国教科文组织列入世界遗产名录。

5 李冰岷江考察

早在战国末期，中国四川灌县就修筑了一座著名的水利工程，叫都江堰（堰就是堵水的堤坝）。它是秦代李冰做蜀郡守的时候修成的，距今已2200多年了。这是世界上最古老的水利工程之一。

在都江堰建成之前，蜀郡（今四川西部）岷江时常发生严重水灾，致使蜀郡成都、灌县的大片田地荒芜，当地人民的生命财产受到严重威胁。

岷江发源于蜀郡西北部的岷山下，是长江上游的一条大支流。它的上游山高谷狭，坡度很大，水流很急，水里夹着泥沙，到灌县以下进入平原，水流缓慢，泥沙淤积，往往泛滥成灾。当地人民十分盼望治理水灾，但始终未能找到一个有效的治理办法。

等到秦国灭了蜀国之后，秦昭王即位（公元前306～前251年）。在公元前250年的时候，秦王派李冰为蜀郡的郡守（地方最高行政长官）。他一到任，立即听到当地人民急切要求治理岷江的强烈呼声，同时，他也亲眼看到当地水旱灾害的严重情况。为了深入了解民情和水情，他同儿子二郎，邀请几位有经验的老乡，一起去岷江沿岸进行考察，勘察地形，研究治理办法。

李冰等首先来到灌县城外，抬头一看，在岷江东岸，有一座山，名叫玉垒山，正挡住了岷江水流到东边去，所以，每逢山洪暴发，往往是玉垒山的西边涝，东边旱。当地百姓建议，要是能把玉垒山凿开一个缺口，让洪水分一股流到山的东边去，那就可以分洪减灾，还可以引水灌田，一举两得。李冰仔细观察这一带的地形，认为这个建议很好，决定实行这一规划。它是治理岷江的关键所在。

凿山工作不久开工了，经过艰苦劳动，终于把玉垒山开凿了一个缺口，这个新开的缺口好像一个瓶口，所以，人们叫做"宝瓶口"。那开凿后和江岸隔离的山石堆，便叫做"离堆"。但是，山东边的地形较高，洪水流入宝瓶口的水量小。李冰观察到了这种情况，认为缺口开小了，决意扩大缺口。等到这年洪水来时，洪水进入宝瓶口的流量仍不大，有些人感到失望。于是，李冰父子再到岷江沿岸主要是宝瓶口以上的地段进行视察，终于找到了一个新办法。就是计划在玉垒山以北稍远的江心中筑一道分洪堰。

为什么选在此建堰？按照地形，岷江从山里急流而下，流到这里河底坡度较平，水流速度减小，河水带来的泥沙随着沉积，易于淤塞以致泛滥成灾。所以，都江堰就应筑在这里。

但是，用什么方法在江心修筑堤堰呢？有人建议，把江边的鹅卵石堆积起来，就可以筑成堰。李冰认为这种就地取材的办法可以试一试，于是把鹅卵石堆砌于江心中，不过几天，很快被江水冲垮。经过几次改进，又堆成一道比先前的石堰更牢固的大堰，不料，大洪水到来，这座大堰又全部被冲垮了。究竟该怎么办呢？这成为一个难题，也使李冰父子感到苦恼。

李冰父子再次去岷江上游考察，看到山上到处都长着竹子，民间房屋都用竹子做屋梁和屋柱，用竹片编制家具，在竹笼内装要洗的东西，浸泡在溪水内，妇女们用竹席挡住溪流在水中洗衣服。这些情况，使李冰受到很大启发，他联想到用竹子编成笼筐内装鹅卵石来筑堰，也就不容易冲垮。回来和大家商量，都认为这个办法很好。山上有竹子，遍地是鹅卵石，就地取材，也很容易办到。于是，大家动手，上山采竹子，编竹笼，装鹅卵石，经试验，投到急流中，仍然摇晃。大家再把竹笼加长加粗，加长到2丈，直径3尺，内装大鹅卵石，投到急流里，一点也冲不动，终于成功了。

　　试验成功之后，开始施工。无数装满大鹅卵石的竹笼一层一层堆砌筑成大堤堰，如同江心里长出了一个狭长小岛，把流经灌县的岷江分成两条水道：流向大堰西边的水道，为岷江正流，叫做"外江"；流向大堰东边的水道，经过宝瓶口，通向长江另一条支流沱江，叫做"内江"。大堰南北偏西伸出的尖头，指向岷江上游，像个大鱼头，便叫它为"鱼嘴"——"都江鱼嘴"。

　　在这座"小岛"上，"鱼嘴"后身滩地两边，都用装满大鹅卵石的竹笼砌成堤岸，称作金刚堤。沿"内江"西岸的为内金刚堤，沿"外江"东岸的为外金刚堤。堤高出岷江洪水的水位，是分水工程的主要部分。

　　为了加强大堰的减灾作用，保持内江水量在夏季水涨时不致过大,又在"都江鱼嘴"与"离堆"之间,修建"平水槽"和"飞沙堰"。"平水槽"是在"鱼嘴"后面一大片滩地上开挖的一条沟,是内、外江之间的沟通水槽。"飞沙堰"在宝瓶口对面,堰身全部用竹笼内装鹅卵石堆砌筑成,堰顶比堤岸低,这样,内江水大时,可以漫过堰顶流到外江去。另外,还在水中放立三石人,以"水竭不至足,盛不没肩"的标准,控制内江水量。

在大堰上游,岷江东岸,遥对着分水鱼嘴,又用鹅卵石砌成一条长达500多米的顺水坝,叫做"百丈堤"。在宝瓶口附近,用竹笼装着鹅卵石,修筑了一条弧形护岸堤,上连"飞沙堰",下接"离堆",像个"人字形",称作"人字堤"。这些工程,使都江堰规模更为完善,更可发挥分洪减灾与引水灌溉的两大作用。

这道大堰修筑起来后,岷江流域不再发生洪水灾害,当地劳动人民从此可以安居乐业。李冰为大堰取名为"都安堰"。到宋代时,改称"都江堰"。

从都江堰引水灌溉受益农田面积来说,在内江系统下,有3条主干流,干支渠总长达585公里,灌溉农田约达200万亩;在外江系统下,有6条主干流,干支渠总长达580公里,灌溉农田约达120万亩。内、外江除了主干支流外,还有众多的分支流和分堰。这样密如蛛网的灌溉系统,使成都附近14个县普遍受益。这片广大平原,遂成为"四川粮,天下尝",沃野千里的"天府之国"。

都江堰筑成后，李冰为了让这座水利工程永远造福于人民，特规定大堰要进行岁修，每年水量最小季节（农历十月下旬）开始修整堤堰。工作重点就在于淘出内江江底淤积的泥沙，尤其在离堆和宝瓶口附近的江底泥沙淤积多，每年非把它淘干净不可。否则，河床越来越升高，就会阻碍江水流入宝瓶口，也就会发生水患，所以要"深淘滩"。那"飞沙堰"筑得低，好让内江涨水时的大水漫过堰顶流到外江去，来调节内江的水量。"低作堰"的"堰"，就是指这座"飞沙堰"。

都江堰修筑成了，造福于后代子孙。人民为纪念李冰的功绩，在堰的东岸建造了二王庙。前殿是李冰塑像，后殿有其子二郎塑像。在庙内匾额上、石壁上和观澜亭丹墙上，都刻写着"深淘滩，低作堰"6字诀。"深淘滩，低作堰"，是古代劳动人民修筑"都江堰"所总结的治水经验6字要诀，千百年来在整治工程中起着十分重要的指导作用。

都江堰的修筑，说明早在2000多年前，我们的祖先就能创造出这样一座伟大的水利工程。这应得益于李冰不辞辛苦地在岷江流域作实地考察，从群众中得到宝贵启示，利用本地最简单的竹、木、卵石、黏土等材料，战胜大自然的灾害，为后世子孙的福利服务。

今在都江堰内、外两江上，重建了一座安澜索桥，沟通东西两岸。登桥临江，饱览山河胜景，犹似"浪遏飞舟"，别有情趣。

二 秦汉时期（公元前221～公元220年）旅行概说

公元前221年，秦始皇统一中国，建立郡县制大帝国。领土域界东至海，东北到辽宁和朝鲜西北角，西北到河套和阴山山脉，西到甘肃西南部（今临洮等地），南至越南。这样庞大的统一国家，在中国历史上是空前的。要维持这样一个统一大国，其必要条件之一，就是要发展交通。公元前220年，秦始皇治驰道。"东穷燕齐，南极吴楚，江湖之上，濒海之观毕至。道广五十步，三丈而树。……树以青松。"陆上交通网，是由首都咸阳向东作折扇形展开，即东北至燕（今河北省北部一带），东至齐（今山东一带），东南至吴（今江苏、浙江一带）和楚（今湖北、湖南、安徽、江西一带）。开凿栈道入蜀，通成都、重庆。又从巴蜀以南，由宜宾开山道，路宽五尺，称为"五尺道"，通到云贵一带。开通水道，凿灵渠，沟通离、湘二江，连通珠江与长江两大水系。这时，海上航行也已发达。

秦始皇采取的重要措施还有"书同文、车同轨"，统一度量衡，统一货币。这在政治、经济、军事、文化等方面的作用,是极为重要的。同时,他对旅游事业的发展,也作出了重大贡献。

修筑万里长城。秦始皇将秦、赵、燕三国的北部长城连接起来,西起临洮(今甘肃岷县。明长城西端至嘉峪关),东到辽东(今明长城东端至丹东虎山)。全长一万多华里(明长城全长6700公里),称万里长城。为世界七大工程之一,也应是世界九大奇迹之一[原称埃及金字塔、巴比伦空中花园、以弗所(今属土耳其)的阿尔特米斯庙、奥林匹亚宙斯雕像、哈里卡纳苏(今小亚细亚南部沿岸)毛索洛斯陵墓、罗得岛(爱琴海大岛之一)太阳神巨像、埃及亚历山大港灯塔,为世界七大奇迹。西安秦始皇陵兵马俑已增为世界八大奇迹之一。而中国万里长城这样古老宏伟的巨大建筑,还应增为世界九大奇迹之一,并理应居首位]。"不到长城非好汉",长城已成为世界旅游胜地。

汉武帝(刘彻),西汉第五代皇帝,以即位之年为建元元年(公元前140年),是为帝王有年号之始。即位后,巡游名山大川,祭祀封禅。曾多次登泰山,在岱顶立下无字碑。东去洛阳,幸缑氏城(今偃师县境内),登中岳嵩山。再东巡琅玡(今山东琅玡山)、烟台,游于海上。西幸甘泉宫(陕西淳化),作通天台,台高30丈,可望见长安城。至陇西,登上崆峒山。北巡朔方(今内蒙古河套地区),还祭黄帝冢桥山(汉时桥山,约在今陕西安定境内)。再北至碣石(北戴河与绥中发现秦汉宫殿遗址),巡自辽西,历北边,至九原

（今内蒙古包头境内），返回甘泉。南巡南郡，至江陵而东，游洞庭湖，登君山射蛟。至潜（今安徽潜山），登上天柱山。浮江，至浔阳（今江西九江），登庐山，过彭蠡（今鄱阳湖），再东游海上。然后返回长安。

武帝通西域，平西南夷，北定匈奴，国势强盛。他在位54年（公元前140～前87年），去世后，葬于陕西茂陵。

司马迁，周游名山大川，足迹遍于中原大地、大江南北，写出了划时代的伟大巨著——《史记》。这是中国第一部光辉的纪传体通史和文学作品。

张骞，两次出使西域，并在西域建立了都护府，奠定了新疆成为祖国疆土的基础。他是正式凿通西域的第一人，揭开了中西交通（即丝绸之路）的序幕[据《纽约时报》（1993年3月）报道，埃及发现公元前10世纪木乃伊头发上一束中国丝绸。这一新发现，表明欧亚之间古代贸易活动的开始时间，很可能比现今认为的年代要早几个世纪]。从此，东西方人士的往来与经济文化交流出现了新局面。

东汉，班超出使西域，达31年之久。加强了汉朝与西域诸国的友好关系，恢复了丝绸之路的畅通，促成了中国与大秦（罗马）的贸易往来。

汉明帝时，曾派蔡愔、秦景二人西行访求佛道，在大月氏与印度高僧迦叶摩腾、竺法兰相会，并邀请两位高僧来中国。这两位高僧用白马驮经于永平十年（公元67年）来到洛阳。稍后，安息（波斯）王太子安世高也于建和二年（148年）来中国。都在洛阳白马寺翻译佛经。洛阳白马寺实是中外文化交流的名胜地，堪称"中华第一古刹"。

秦始皇巡视天下

秦始皇是中国历史上第一个喜爱游历山川的皇帝。他的巡游路线范围甚广，几乎遍及帝国的每个角落，是统一的象征。

秦始皇，姓嬴，名政。秦昭王四十八年（公元前259年）生于赵国都城邯郸（今河北邯郸）。这时，他的父亲子楚作为人质留居在赵，他的母亲是邯郸豪富的女儿，一个出色的舞蹈家，原是阳翟（今河南禹县）大商人吕不韦的姬妾。子楚娶她为妻，生嬴政，最初姓赵，改姓嬴。年13岁代立为秦王，22岁亲政，39岁时统一中国。

秦始皇敬佩上古三皇五帝，于是采用"皇"字，加上古"帝"位号，取尊号为"皇帝"。他还想自己当上皇帝，后辈也能当上皇帝，"二世、三世，至于万世，传之无穷"，所以，他自称"始皇帝"。

秦始皇统一中国之后，立即开辟"驰道"。以咸阳为中心，东北至燕（今河北北部），东至齐（今山东一带），东南至吴（今江浙一带）和楚（今湖北、湖南、江西、安徽一带），西至陇（今甘肃"河西走廊"），远至汉代所称之西域（今新疆及中亚之地）。并兴建咸阳宫、阿房宫及骊山下始皇陵。

阿房宫，在渭水之南。唐代杜牧写有《阿房宫赋》。它是皇帝的朝宫。前殿东西宽500步，南北长50丈（秦，6尺为步，一尺合今23.1厘米）。殿堂可容纳近万人上朝。殿内可树立5丈高的大旗。殿前竖立12铜人，每个重达24万斤（秦斤，合今250克）。殿的四周修有宽大阁道，并用磁石修门，以防刺客。可惜，项羽入关，"楚人一炬，可怜焦土"，放火烧掉了阿房宫，大火延烧了3个月，可见其规模之宏大。

至今西安西郊与咸阳东郊，都发现秦宫殿基址。在咸阳宫的位置上，发掘了3座高台基址。一号址东西177米，南北64米；二号址东西198米，南北195米；三号址东西123米，南北60米。有画廊、壁画，题材为秦王出行车马仪仗之类。有地下盥洗室，基址周围有排水设施。那跨越谷道的飞阁回廊将一组对峙宫观连成一体，形成富有魅力的台榭复合体。

始皇在位37年（公元前246～前210年），作了5次巡游。

第一次，始皇二十七年（公元前220年）。秦始皇由咸阳出发，西巡陇西（今甘肃临洮）、北地（今甘肃宁县）。出鸡头山（今甘肃平凉西，即崆峒山），过回中（今宁夏固原），东还经渭南，修信宫，后更称极庙。由此修大道直通骊山，建甘泉前殿。又筑甬道（于驰道外筑墙，天子于中行，外人不见，其谓甬道），直达咸阳。

第二次，始皇二十八年（公元前219年）。秦始皇向东巡。上邹峄山（今山东邹县南），在峄山上刻石，颂秦功德。再登泰山，举行祭祀天地仪礼。在泰山顶上筑坛祭天（即所谓"封"），到泰山脚下的小山梁父祭地（即所谓"禅"）。意在宣扬他"受命于天，功德卓著"。据说，始皇上泰山，立于岱顶玉女池旁，命丞相李斯篆书刻石，以纪功德。这就是著名的"泰山刻石"。下山时，遇到风雨暴至，在一棵大松树下避雨，于是，始皇封这棵大松树为"五大夫松"（"五大夫"，为秦代第九级官）。这就是泰山"五松亭"得名的由来。

始皇离泰山，往东行，沿海岸，经黄（今山东黄县）、腄（今山东福山县）、烟台，登上芝罘山（今山东芝罘半岛），再去成山（今山东成山角），修筑了行宫。再折向南行，登上琅玡山（今山东诸城东南），远眺东海。始皇十分欣赏此处海景，留居3个月。并筑琅玡台，下令迁徙3万户移居于琅玡台下，免去他们12年的赋税。又刻辞立石，以颂功德。这时，齐人徐福（一作徐市）上书说，东海中有3座神山，名为蓬莱、方丈、瀛洲。有仙人居住在山上，可派童男女去求仙。于是，始皇派遣徐福携带童男女各3000人，并带着五谷种子，乘坐楼船入海寻求仙药。

始皇离琅玡，往西返回，过彭城（今江苏徐州市）。路过泗水时，曾命千人没入泗水中，想寻出周鼎，结果没能找到。乃往西南行，渡淮水，到衡山（今南岳衡山），去南郡（今湖北江陵），从此乘船沿长江来到湘山祠（今湖南岳阳西南）。适逢大风，难于行船，他就问随从的博士（官名，秦及汉初，博士的主要职责是掌管图书，通古今，以备顾问）"湘君是什么神"？博士回答说："相传她是尧帝的女儿，舜帝的妻子，葬在这里。"始皇听后大怒，认为一个古帝王的妻女之神，居然在此对我示威，立即下令刑徒3000人把湘山的树木砍光，放火把湘山烧红，这才怒气平息了。离此，再去南郡，向西北行，取道武关（今陕西商南县西），返回咸阳。

第三次，始皇二十九年（公元前218年）。秦始皇又东游，到原武博浪沙（今河南原阳县境），遭袭击，令天下大搜索10日，没有搜到袭击者。再东去，登上芝罘山，又刻石颂德。由此南去琅玡山。再西北行，经上党（今山西长子县），回到咸阳。

第四次，始皇三十二年（公元前215年）。秦始皇东北行，游碣石（1982年，辽宁绥中县海岸边发现大型殿址，经研究，应为秦始皇东巡的碣石行宫遗迹。又，北戴河金山嘴清理一处秦汉遗址，认为它与绥中秦宫遗址在地理上连成一体，亦应属碣石行宫），又"碣石刻石"。他在巡视中，把当地堵塞的水道疏通了，把险阻的地方夷平了，做了一件兴修水利的好事。

始皇自碣石出行，到过秦皇岛（今秦皇岛市）。又向西直行，巡视帝国的北方边境。然后折而南下，渡黄河，经上郡（今陕西绥德）回咸阳。3年后（公元前212年），始皇曾作单程巡视，北到九原（今内蒙古包头西北），经云阳（今陕西淳化），归咸阳。

第五次，始皇三十七年（公元前210年）。秦始皇此次出行路线偏向东南。丞相李斯随从，少子胡亥请从。十一月到云梦（今洞庭湖及武汉市附近一带湖泊区），遥望九嶷山（今湖南蓝山县境），祭祀舜帝。从云梦、浮江而下，过海渚（疑指鄱阳湖），到丹阳（今安徽当涂），再到钱唐（今浙江杭州）。适逢钱塘江风浪险恶，乃西行百二十里，从江身狭窄处渡江。向东行，上会稽山（今浙江绍兴市南），祭祀大禹。远望南海，在山上刻石，颂秦德。这是有名的"会稽刻石"。

到会稽后，不再南巡，折往北返。过吴县（今苏州），从江乘（今镇江西）渡长江。沿着海岸北上巡视。到琅玡，原想在这里能够得到仙药。可是，方士徐福求仙药将近10年了，毫无结果。乃诈对始皇说："蓬莱仙药本可以求到，只因海内有大鲛鱼（即鲨鱼）阻挡住了我们的去路。请求带一些射手同行。"始皇乃下令入海求仙药的人，捕射鲛鱼。果然，在芝罘岛附近海中，射死一条大鱼。徐福无言以对，只得带领童男女，继续东航，寻求仙药。徐福这一大批人漂流到了日本新宫市（今和歌山县新宫市），把中国的耕种技术和文化传入日本，对日本社会的发展起了促进作用。至今日本新宫市修建有徐福墓和徐福祠，以纪念这位中日友谊使者。

始皇自琅玡北至荣成山（应即今山东崂山和成山）、烟台，再上芝罘岛。更西行，至平原津（今山东平原县境），病倒了。这是他最后的一次巡游。他企求长生不死的幻梦破灭了，他最害怕说的死期终于来到了。这年七月，始皇病死于沙丘平台（今河北平乡县境），终年50岁。

这时，丞相李斯秘不发丧。始皇尸棺装载在辒辌车中。百官奏事，一概照旧。太监赵高阴谋伪造遗诏，立胡亥为太子，赐长公子扶苏、大将军蒙恬死。然后，车驾再由平原津西北行，过井陉，抵九原，径直道，还咸阳。在途中，正遇大暑天气，辒辌车中的尸体腐臭。赵高等人想出一个主意，把一石鲍鱼载在车上，以乱其臭味。

车驾到达咸阳后，才给始皇正式发丧。九月，葬于骊山下。

秦始皇陵是中国古代帝王陵墓中，规模最大，保存较好的一座陵园。现经考古勘探与发掘，陵园规模之宏伟，地下埋藏之丰富，真可说亘古所无。陵园周围有内、外两重南北向长方形夯土城垣。内城南北长1355米，东西宽580米，周长3870米；外城南北长2165米，东西宽940米，周长6210米。墙基宽约8米。

在陵园东侧发掘出兵马俑坑，一号坑出土有陶俑、陶马约2000件，木质战车20乘，各种青铜兵器40000余件。二号坑出土战车89乘，驾车的陶马356匹，陶质鞍马116匹，各类武士俑900余件。三号坑出土战车1乘，陶马4匹，各种武士俑68件。坑内兵马俑排列方向一律面向东方。可能象征着秦始皇生前守卫京城的宿卫军。陶俑身材高大，高的达2米，矮的1.75米，一般高在1.8米左右。种类较多的有骑兵俑、车兵俑、步兵俑，形态各异，神情逼真，显示了秦王朝兵强马壮威震天下的军事力量。此外还出土两乘大型彩绘铜车马，其大小约为真车真马的二分之一。车均为双轮，单辕，前驾 4 匹铜马，车上各有铜御马俑一件，展现了古代车马的系驾情况。

秦始皇陵兵马俑，被称为"世界八大奇迹之一"。1994 年，秦始皇陵已被联合国教科文组织列入世界遗产名录。

司马迁游历名山大川

司马迁是中国历史上伟大的史学家和文学家，所著《史记》为中国第一部纪传体通史，被誉为"史家之绝唱，无韵之离骚"。

司马迁，字子长，公元前 145 年（一说为公元前 135 年）出生于陕西韩城芝川镇（西汉时属左冯翊夏阳，东北有座龙门山，故《史记·太史公自序》说："迁生龙门。"）。其父司马谈为西汉太史令，他生平唯一的志愿，是想写作一部记载"明主、贤君、忠臣、死难之士"事迹的通史，后因病故（死于公元前 110 年），未能如愿。其父临死时，握着司马迁的手哭泣着说："……汝复为太史，则续吾祖矣。……余死，汝必为太史，为太史，无忘吾所欲论著矣。"司马迁俯首泣涕回答说："小子不敏，一定尽力完成先人之志向。"父亲谆谆嘱咐的遗命，坚定了司马迁写作一部宏伟《史记》的决心。

司马迁 20 岁时，怀着继承父业的大志，实地访问祖国的名山大川，考察民间古代流传下来的遗闻轶事，了解和搜集各种史料，目的在于扩大眼界，俯视古今，以补正史书记载之不足。司马迁从京城长安出发，出武关（今陕西丹凤附近），取道南阳（今河南南阳），开始了他第一次全国性的大游历。

他从南郡（今湖北江陵）渡江，直抵长沙，到汨罗江畔吊念那位生活在150年前的伟大爱国诗人屈原。他徘徊于诗人自沉的江岸上，面对滚滚江水，想念屈原的为人及其悲惨的遭遇，不禁凄然泪下。屈原的事迹，本来缺少记载，由于司马迁的实地采访，才使这位伟大诗人的一生史迹显现于史书中。

在长沙，他还凭吊了西汉杰出的政论家贾谊的遗迹。贾谊当年曾受权贵所害，被汉文帝放逐并死于长沙。他的一生遭遇与屈原相似，所以，后来司马迁将屈原与贾谊写成一篇"合传"，表现了他对屈原、贾谊的同情。

凭吊屈原之后，司马迁想起古史传说"舜南巡狩，死于苍梧之野，葬于江南九疑"（今湖南宁远、蓝山县境内）。于是，他泛游沅江与湘江。到湘江上游，司马迁登上九嶷山瞻望舜帝葬地。又从湘南转向湘西，顺沅江而下，再东浮大江，南登庐山，实地观察"禹疏九江"所在地，怀念大禹治水的伟大功绩。再往东去浙江，登上会稽山，探寻著名的"禹穴"，实地考察夏禹事迹，为写《夏本纪》做准备。会稽又是夏禹后裔春秋时越王勾践的故都，所以，司马迁又访问了勾践卧薪尝胆、复国灭吴的遗闻，还听到关于陶朱公（范蠡）、伍子胥和专诸刺吴王僚的故事。后来这些都被分别写入《越王勾践世家》与《吴太伯世家》内。

司马迁游会稽后，便来到吴地，登上姑苏山（今江苏苏州境内），眺望烟波浩渺、美丽广阔的太湖。在吴地考察了战国四公子之一楚国春申君（黄歇）的故城和宫室遗址。随后渡江北上，来到韩信的故乡和封地淮阴（今江苏淮阴县东南），搜集有关韩信的遗闻轶事。他在《淮阴侯列传》中所描写的有关漂母和韩信早年的故事，就是这次访问的一个收获。

从淮阴北上，司马迁游历齐、鲁之地。他首先来到孔子的家乡曲阜，采访儒学的发源地，瞻仰了孔子墓、孔子庙堂，参观了车服礼器，了解了孔子的教育思想，加深了对孔子学说的理解，使他对孔子产生无限的崇敬。后在《孔子世家》中赞道："诗有之，高山仰止，景行行止，虽不能至，然心向往之。"又说："孔子布衣传十余世，学者宗之。自天子王侯中国言六艺者折中于夫子，可谓至圣矣。"

从曲阜往南，司马迁到邹县，登峄山，辨读秦始皇刻石。再往南，到齐国孟尝君（田文）的封邑薛城（今山东滕县县城南），经过询问得知孟尝君当年招致天下豪杰侠客，好客养士，的确名不虚传。这为他写《孟尝君列传》增添了丰富的资料。

从薛城南下，游历楚霸王项羽的都城——彭城（今江苏徐州）。彭城西北的沛郡（今江苏沛县东）是曹参、周勃、樊哙和夏侯婴的故乡。沛郡以西的丰县（今江苏徐州附近），是汉高祖刘邦和月下追韩信的萧何的家乡。而沛郡的蕲县（今安徽宿县）又是陈涉、吴广秦末农民起义的地方。司马迁访问了这些历史胜地，当地父老告诉他许多遗闻轶事。原来当年楚汉风云人物，不过是一些普通老百姓，萧何、曹参原是沛县小官吏，樊哙原是卖狗肉的，夏侯婴原是县衙门的车夫，周勃靠织"薄曲"（养蚕用具）为生，有时还干吹鼓手的行当。这些材料，司马迁叹为"异哉所闻"。后来他把这些"异闻"，都写入《史记》，并慨叹道："王侯将相宁有种乎？"其实，不过是"时势造英雄"。尤其在宿县大泽乡，了解到陈涉起义的功绩，司马迁肯定了人民在历史上的作用，特将陈涉写入《世家》中，开创了历史的先例，体现了司马迁进步的历史观。

司马迁由沛县向西南行，经砀县（今安徽砀山南）到达睢阳（今河南睢县）。在这里经访问，司马迁得知当年在垓下（今安徽灵璧东南）"将卒五人共斩项籍"被封为颍阴侯的灌婴，原是此地的一个绸缎商人。

睢阳以西是战国时魏国都城大梁（今河南开封）。司马迁来到这里，搜集有关魏公子信陵君（无忌）的故事。首先参观了"夷门"（大梁城的东门），打听当年信陵君谦恭下士，亲自驾车去夷门迎请看守夷门的一个古稀老人侯嬴的故事。信陵君知道他贤能，将他奉为上宾。其后，秦兵围赵都城邯郸，求救于魏，魏不敢出兵。信陵君用侯嬴之计，请魏安釐王宠姬如姬盗窃虎符，锤死魏将晋鄙，夺取兵权，发兵救赵，迫使秦兵退却，解了邯郸之围，这就是历史上有名的"窃符救赵"的故事。当时，大梁已是一座摧毁了的古城，司马迁目睹这一片废墟，只能想象到当日魏国亡国的惨烈景象。

大梁的访问结束了，司马迁便回到长安。

这次大游历，从公元前127年至前124年，前后约3年时间，这对年轻的司马迁来说，确是一次重要的体验生活的旅行。

大约15年后，司马迁35岁时，被选入朝廷做了郎中，使他有更多的机会随从武帝去巡游四方。

元鼎四年至元封四年（公元前113～前107年）司马迁扈从武帝先后到过夏阳（今陕西韩城），逾陇山（今陕西西部），登崆峒山（今甘肃平凉西），西临祖厉河（今甘肃境内）。返回时，武帝在甘泉（今陕西淳化县）祭祀天神泰一，并建立了泰畤（即泰一祠坛）。

公元前111年，司马迁奉武帝之命，被任为汉朝的使臣，前往西南少数民族地区慰问、视察。这一次，他往西到了巴蜀（今四川），考察了岷江及离碓；往南到了邛（今四川西昌）、笮（今四川汉源）、昆明（今云南曲靖），几乎走遍了祖国的大西南。他广泛深入群众，了解当地物产和风土民情，为写《西南夷列传》、《货殖列传》准备了丰富的材料。

公元前110年，汉武帝去泰山封禅，司马迁出使西南回到长安，即赴洛阳，与其父司马谈诀别，随后赶往泰山，向武帝复命，参与封禅典礼。其后，他将帝王封禅事，写成《封禅书》，编入《史记》里。

封禅完毕，司马迁随武帝东巡海边，还回。又随武帝北巡朔方，经上郡（今陕西绥德）、西河（今内蒙

二 秦汉时期（公元前221～公元220年）旅行概说

古东胜附近)、五原(今内蒙古包头西北)等地,巡视万里长城,北登单于台(今内蒙古呼和浩特市西)。返回时至桥山,祭祀黄帝冢,而后回到长安。

司马迁旅行的足迹几乎遍及全中国:东游会稽、禹穴、姑苏、太湖、泰山、曲阜;南历江淮、庐山、沅、湘、汨罗、九嶷山、邛、笮、昆明、巴蜀;西至崆峒、陇西;北过涿鹿、九原、长城、龙门、黄帝陵等地。通过实地考察,扩展了胸襟,丰富了知识,为创作《史记》奠定了坚实的基础。

公元前104年,司马迁开始著述《史记》,6年后,李陵北击匈奴,战败投降,武帝闻讯大怒,司马迁因替李陵辩解而触怒了武帝,于公元前98年,48岁时,被下"蚕室",受"宫刑"。从此,他是个"刑余之人",但他发愤著述《史记》,决心为这一伟大理想而奋斗。司马迁50岁出狱后,任中书令。大约在他55岁时,前后经过十五六年的努力,用其生命和血汗创作的空前伟大的巨著《史记》终于完成了。

《史记》记事从黄帝开始直至汉武帝太初年间,全书包括十二本纪、十表、八书、三十世家、七十列传五大部分,共130篇,计526500字。它是中国史书的范例,在中国历史上作出了伟大贡献。

关于司马迁的卒年,据推测,大约死于汉武帝末年即公元前87年前后。死后,葬于陕西韩城芝川镇,该地建有太史公祠和墓地。在祠内太史公塑像前,有一楹联:"刚直不阿留得正气凌霄汉,幽而发愤著成信史照尘寰。"这正是这位伟大史学家的写照。

张骞通西域

中国西汉时期,张骞曾两次出使西域,正式开辟了至今誉满中外的中西交通要道——"丝绸之路"。这在中国史、亚洲史,尤其是中西交通史上都有着深远意义和重大影响。

张骞,汉中城固(今陕西城固)人,大约生于汉文帝(公元前179~前157年)中后期,死于汉武帝元鼎三年(公元前114年)。

西汉初年,北方匈奴不断向中原进犯,进至彭阳(今宁夏彭阳),烧毁回中宫(今宁夏固原附近),逼近甘泉宫(今陕西淳化西北)。战火威胁着长安。

汉武帝即位后,积极准备军事出征,意想联合大月氏,共击匈奴。于是,准备派使者西去出使大月氏。

建元三年(公元前138年),汉武帝正式任命张骞为使者,带领着随从100多人,踏上漫长的征途,向西进发。这是张骞第一次出使西域。

张骞一行,从长安出发,一出陇西(今甘肃临洮),进入河西走廊,路过匈奴地境,就遇到匈奴兵,张骞一行全都被俘,并被押送匈奴王廷(约在今内蒙古呼和浩特一带)。匈奴单于不允许他们通过匈奴地境前往月氏,把张骞等人拘留在匈奴大约10多年的光景。不过他们对张骞也很优待,给他娶了妻子,还生了儿子。但是,张骞"持汉节不失"("节",用8尺长的竹杖作成,顶上悬有用旄牛尾作成的穗穗,是古代使者所持带的一种凭信），对汉王朝始终忠诚不渝，没有辱没汉王朝赋予他的政治使命。

元光六年（公元前129年），张骞一行终于找到一个机会，逃出了匈奴地境，继续向西进发，奔走了数十日，到达大宛（今费尔干纳地区）。他们这次出逃，走出了一条通道：从河西走廊到玉门关，取道车师（今新疆吐鲁番盆地），进入焉耆，再西行，经龟兹（今新疆库车、沙雅之间），过疏勒（今新疆喀什），翻越葱岭，到达大宛（今中亚费尔干纳）。大宛王早就听说汉朝是个富饶的国家，本想与汉朝交通往来，只是"欲通不得"。今见汉使张骞来到，十分高兴。问张骞想到哪里去？张骞说明此行的目的是出使大月氏，中途为匈奴所闭道。今日逃亡前来，希望大宛王派人送他们去月氏。大宛王高兴地答应了，特派翻译向导送张骞一行抵达康居（约在今乌兹别克斯坦和塔吉克斯坦境内），再由康居人送至大月氏（从中国西北方，西迁于阿姆河和锡尔河一带）。

这时，大月氏的情况有所变化，它已经征服了大夏（今阿姆河与兴都库什山之间，阿富汗北部），并做了大夏的君主。这一带土地肥饶，很少有外敌的侵扰，人民安居乐业。他们又认为距离汉朝的路程遥远，所以，汉朝与大月氏联合共击匈奴的这件事，也就没有结果。张骞很感失望，达不到目的，只得从月氏来到大夏蓝氏城（今阿富汗马扎里沙里夫），在这里住了一年多，经多方面了解情况，"竟不能得月氏要领"。于是，决定回汉。

元朔元年（公元前128年），张骞一行离开大夏，踏上东行归途。他们本想避开匈奴地境，改变路线，由来时的"北道"，改走"南道"，越过葱岭，沿着南山（应指昆仑山）北麓向东行，经莎车（今新疆莎车）、于阗（今新疆和田）、鄯善（今新疆若羌）进入羌人地境，不料又被匈奴俘获，扣留了一年多。

元朔三年（公元前126年），匈奴单于死，国内发生骚乱，张骞趁匈奴内乱之际，携带着胡妻及堂邑父一起回到长安。朝廷拜张骞为太中大夫，堂邑父为奉使君。这就是张骞第一次出使西域的情况。

张骞这次出使西域，前后历时13年（从公元前138年～前126年），出发时同行100多人，归来时只剩下张骞和堂邑父二人。

张骞这次出使月氏，虽然没有达到联合月氏共击匈奴的预期目的，但是他们是第一次"凿空"（开通）西域，开辟了一条东西交通要道——"丝绸之路"，并亲自访问了大宛、康居、大月氏和大夏等地。又从传闻中了解了乌孙、奄蔡（今里海、咸海北）、安息（波斯，今伊朗）、条支（一名大食，今伊拉克）、身毒（今印度）等国的风土民情、地形、物产、政治、经济及军事方面的情况，促进了中西人民的友好往来。

张骞回到长安，曾将此次出使的见闻，向武帝汇报。说了上述地区的山川地形，又说了他在大夏时，见到四川生产的邛竹杖、蜀布，经过询问，是大夏商人从身毒贩运来的。身毒国在大夏东南可达数千里，风俗与大夏相同，只是气候炎热、地势低湿、国土临近大海。张骞根据这些情况加以思考：大夏在汉朝的西南12000里，身毒又在大夏的东南数千里，可贩运蜀地特产，那它距蜀地不会太远。而今想到大夏去，不必走那条被匈奴控制的"北道"，还可另开一条通道，从四川，经云南，通过身毒（今印度），转道大夏。而且大宛、大夏、安息、大月氏、康居等国，物产丰富，其地风俗有与中国相同之处，对汉表示尊重。能与它们和平共处，友好往来，那么，汉王朝的威德就能遍于四海。汉武帝听了很高兴，认为张骞的话说得很对。元朔六年（公元前123年）封张骞为博望侯。

元狩元年（公元前122年），汉武帝采纳了张骞的建议：从蜀郡，经"西南夷"（今云南、贵州一带），通往身毒，转道大夏，以寻通往西域的途径。武帝令张骞从蜀郡（今四川成都）和犍为郡（今四川宜宾）派出使者，从冉駹（今四川茂汶）、筰（今四川汉源）、徙（今四川天全）、邛（今四川西昌）、僰（今四川宜宾）分道向西南进发。

各路汉使分别前进一两千里，但都在中途遇阻。北路使者阻于僰，南路使者阻于昆明，没有能够通往身毒。

后听说在昆明以西千余里远有小"乘象国"（约在今云南腾冲、龙陵一带），名为滇越。蜀地商人经常携带货物去滇越进行交易，于是，汉使便沿着这条商路到了滇国。

张骞这次虽然没有通往身毒，但进一步考察了西南地区的情况，恢复了长安与西南地区的交通往来，密切了汉族同西南少数民族之间的兄弟关系，立下了功绩。

元狩四年（公元前119年），张骞第二次出使西域，其目的在于联合乌孙（今新疆伊宁至温宿一带）抗击匈奴。

这一年，朝廷拜张骞为中郎将，率领随从300人，每个人各备马2匹，共带牛羊1万多头，还有金币、丝绸等贵重礼品，从长安出发往西行。

这次出使与第一次出使的情况不太一样，这就是他还领着多位"持节"副使，以便沿途派往其他各国，是一个规格很高的"外交使团"。

张骞一行顺利到达乌孙。见到乌孙王时，就把这些金币、丝绸等作为汉天子的礼品赐给乌孙王。乌孙王起拜。张骞又转达了汉武帝的旨意，劝乌孙东迁故地，共同抗击匈奴。乌孙王认为，国家现处于分裂状态，国王年老，离汉朝路程遥远，而大臣也都害怕匈奴，所以不想东迁。这样联合抗匈奴之事，一时决定不下来。于是，张骞分派副使前往大宛、康居、月氏、大夏等国，自己决定回汉。乌孙王特遣使者数十人，携带良马数十匹。还有译员、向导等，随同张骞一起来到汉朝报谢，同时，进行参观，进一步了解汉朝情况，以便建立两国友好关系。

元鼎三年（公元前114年），张骞回到长安。汉武帝拜他为太行（负责接待外宾和管理民族事务的高级官员）。一年后，张骞病逝，葬于城固。

张骞死后一年多，派到大宛等国的副使，陆续在对方使者的陪同下回到长安。这些西亚各国先后都跟汉朝建立了友好关系。

张骞通西域，正式开辟丝绸之路，在中国与西亚的交往上作出了重大贡献。同时，他还带回了许多物产。植物品种计有：石榴、葡萄、胡桃、苜蓿、大蒜、芝麻、黄瓜、蚕豆、芹菜、胡萝卜、番红花等 10 余种，移植在中原大地上，丰富了中国人民的物质生活。总之，他的功绩在中华民族史上具有深远影响。

4 班超出使西域

自从张骞通西域之后，他所开辟的这条"丝绸之路"一直畅通着，西域一些主要国家大都与中国建立了友好关系。直至西汉末年，由于国力衰微，对西域也就失去了控制能力。

东汉建立后，国力有所加强，汉光武帝建武二十一年（公元 45 年）车师、鄯善、焉耆等地，表示愿意藩属于汉，并请汉朝设置西域都护，维护西域的安全。汉明帝时，朝廷派班超出使西域。

班超，字仲升，东汉扶风安陵（今陕西咸阳东北）人。生于公元 32 年。其父班彪，其兄班固，都是东汉著名的历史学家。他本人也是一个编写历史的史官。

永平十六年（公元 73 年），班超投笔从戎，在大将军窦固门下，出击匈奴。班超为假司马，带领一支军队出击伊吾（今新疆哈密），战于蒲类海（今新疆巴里坤湖），打败匈奴，战胜而还。

窦固认为班超很能干，报请汉明帝，任命班超与从事郭恂出使西域。

班超等一行36人，由洛阳出发西行。经长途跋涉，首先来到鄯善（今新疆若羌一带）。鄯善王对他们很恭敬，招待也很周到，不过几日，忽然态度大变，显得疏远而冷淡。班超发觉鄯善王这种不正常的态度，就对随从人员说，想必匈奴使者也已到来，我们应早做准备。随从人员异口同声地表示，在这危亡时刻我们一切都听从您的安排。班超说："不入虎穴，焉得虎子。"于是，趁黑夜对匈奴使者进行火攻，经过一番战斗，匈奴使者全被消灭了。

战斗结束后，班超派人请来鄯善王，将匈奴使者的首级展示出来。鄯善王震惊，班超乃对鄯善王进行安抚、慰问、开导，请他不要跟着匈奴反对汉朝，要和汉朝建立友好关系。鄯善王连连点头同意，并决定把儿子送往洛阳去做人质，专心臣服于汉。

班超将这件事向大将军窦固奏报，窦固十分高兴，立即替班超向汉明帝请功。汉明帝下令奖励班超的功绩，提升他为军司马。复受使命，继续完成出使西域的重大任务。

班超率领36名军士，继续出使西域，由鄯善西行，到于阗。这时，于阗王刚刚攻破莎车，由匈奴使者监护其国，在南道（昆仑山北麓，自鄯善到莎车地带）称霸。所以，对班超的到来甚为疏远冷淡。这时，又逢一个巫师向于阗王进谗言说："大王如果想和汉朝通好，大神就会发怒。汉使有匹好马，赶快要来这匹马,杀了以祭神,以求神的保佑。"于阗王听了巫言,立即派人向班超要马。班超已经掌握了这些秘密情况,也就假心表示同意,但要巫师亲自来取马。不多时,巫师果然来牵马,班超当即斩其首,同时责备于阗王不讲友好。于阗王本来早已知道班超在鄯善诛灭匈奴使者的所作所为,内心大为惶恐,立即下令攻杀了匈奴使者,并向班超投降,表示愿意和汉朝通好。班超乃以好言好语抚慰于阗王,并且将许多贵重礼品送给于阗王及其大臣们。于阗王听从了班超的命令,从此与汉朝通好。

永平十七年(公元74年),班超从于阗至疏勒(今新疆喀什一带)。在班超到来之前一年,龟兹(今新疆库车一带)王为匈奴所立,据有北道〔自车师前国(今新疆吐鲁番附近),随北山(天山)西行,至疏勒,为北道〕。攻破疏勒,杀其王,而立龟兹人兜题为疏勒王。班超到时,废除兜题,另立疏勒前王兄子忠为王,深得疏勒国人拥护。

永平十八年(公元75年),汉明帝去世,焉耆遂攻没汉西域都护陈睦,班超孤立无援。汉章帝初即位,恐班超单危不能自立,下诏书召回班超归洛阳。这一消息发出后,疏勒举国忧恐。有个都尉黎弇悲痛地说:"汉使弃我,我必复为龟兹所灭耳,诚不忍见汉使去。"说罢,拔刀自刭而死。班超还至于阗。于阗与疏勒国人都哭泣着说:"依汉使如父母,诚不可去。"于是,大家互相抱着班超骑的马脚,不让他向东行。班超已觉得民心不可违,乃转回疏勒。疏勒的两座城自从班超去后，复降龟兹。班超回来，即捕斩反逆者，疏勒复安。

建初三年（公元 78 年），班超率疏勒、康居、于阗等国兵一万人大破姑墨（今新疆阿克苏一带）。从此，拘弥（今新疆和田东）、莎车、疏勒、月氏、乌孙、康居等国复愿归附于汉。

永元三年（公元 91 年），龟兹、姑墨、温宿及焉耆都先后投降于汉。由于班超对西域那些敌视汉朝的国家采用了灵活巧妙的战略战术，将它们分化，各个击破，从而取得了一个又一个的胜利，使西域 50 多国全都内属于东汉。西域人都说："依汉与依天等。"东汉之声名威震西域。东汉政府乃任命班超为西域都护，负责监视匈奴的进犯，保护西域的安全。班超曾经越过葱岭（今帕米尔），到达县度山（应在兴都库什山脉今阿富汗东部）。

永元七年（公元 95 年），东汉朝廷下诏封班超为定远侯。

永元九年（公元 97 年），班超遣派副使甘英出使大秦（又名犁靬，约即罗马帝国）访问，抵条支（即大食，今伊拉克），临大海（波斯湾），本想渡海，波斯西界的船人对甘英说："海水广大，需要携带两三年粮食，并有死亡的危险。"甘英听了，于是不敢渡海。甘英此行，虽然没有到达目的地——罗马，没有完成班超交给的任务，但是，他却是到达波斯湾最早的中国使者，在中西交通史上也具有重要的意义。

这时，班超久在西域，年老思归故土。永元十二年（100年），上章帝疏中说："……臣不敢望到酒泉郡，但愿生入玉门关……"他的妹妹班昭同时也上书请召班超回归故里。章帝感其言，乃征召班超回归洛阳。

班超在西域31年。他41岁出使西域，永元十四年（102年）八月回到洛阳，同年九月病逝，终年71岁。

班超出使西域，重新恢复"丝绸之路"的畅通，中原与西北各民族之间的友好关系又得到加强，中西经济文化交流更加频繁起来，使者相望于道。中国使节的足迹，远及安息、奄蔡、犁靬、条支、身毒等国。与此同时，中亚、西亚、罗马和印度的商旅使节相继来到中国，一年之中多至数百人，乃至上千人。

班超出使西域，使西域诸国都直接控制在汉朝的势力之下，这使中原与西北各民族的关系更加密切，对开发西北、巩固西北边疆作出了重大贡献。

三 魏晋南北朝时期（220～581年）旅行概说

魏晋南北朝时期，中国处于分裂割据的局面（晋的统一，只是短暂的）。当时政治、经济、文化中心逐步南移。中国与东南亚各国的友好往来，仍在不断发展。僧人也开始西行求法。

三国时（220～280年），东吴孙权派朱应、康泰出使扶南（今柬埔寨）。这是中国历史上政府使节首次访问柬埔寨，也是中国第一次派遣专使与南海诸国友好往来。

朱应、康泰出使扶南，取海路前往。大约从今南京下关乘船出发，沿海岸至广州、琼州，渡海，经越南，去扶南。他们到达扶南，受到当时扶南国王范寻的友好接见。继而又访问了东南亚其他一些国家。回国后，将其出访南海各国的见闻，写成游记。朱应写有《扶南异物志》，此书已失传。康泰写有《吴时外国传》，此书部分内容散见于《太平御览》、《北堂书钞》等书中。

此次出访，增进了中柬两国之间的友好关系。扩大了中国与南海各国的文化交流。

魏景元元年（260年），颍川人朱士行主动去西域寻求佛经。他出家为沙门，从雍州（今西安市西北）出发，西涉流沙，止于于阗（今新疆和田）。抄得《大品般若》经梵本90章，60余万言。晋太康三年（282年）派弟子将所抄经本送回洛阳，前后经历达20多年。朱士行死于于阗，终年80岁。在中国佛教史上，他可算是第一个西行求法的汉僧。

晋时（西晋265～316年，东晋317～420年），继朱应、康泰之后，去扶南旅行的是一位学者葛洪。

葛洪（284～364年），字稚川，丹阳句容（今江苏江宁）人，自号抱朴子。少好学，尤好神仙导养之法。后以平贼功，赐爵关内侯。曾至杭州葛岭、闽南漳浦的丹山炼丹。闻交阯（今越南北部）出丹砂，乃携其子侄赴罗浮山（在今广东惠州、河源一带）炼丹。著《抱朴子》一书。他81岁病逝于罗浮山冲虚观。

葛洪曾远游扶南。"余少欲学道，志游遐外。昔以少逸，因旅南行。初谓观交岭而已。有缘之便，遂到扶南。"（《神丹经》）他此次出游印支，大约是循朱应、康泰的航路。从广州起航，经琼州，过崖州，渡海，抵达越南中部，再往扶南。《抱朴子》书中《论仙》与《仙药》篇内记有："万岁蟾蜍"（马来角蛙）、"飞蛙"（跳蛙）、"风生兽"（大陆鼯鼠）、"骇鸡犀"（通天犀角）、"卢容玉"等产物。据考证，这些都是印支半岛上的特产。葛洪的扶南之行，增进了中柬人民的友谊，促进了文化，尤其是医药方面的交流。

东晋时，继朱士行西行求经的高僧是法显。继法显之后，在北魏熙平（516～517年）中，孝明帝还派遣宋云出使西域求经。

宋云，敦煌人，生卒年及生平事迹均无记载。他于北魏神龟元年（518年）西去天竺（今印度），正光三年（522年）返回洛阳（北魏都城），历时5载。他西行的路线，大约是从洛阳出发，经陕西、陇东，由河州（今甘肃临夏）渡过黄河，到青海日月山，穿流沙（今青海共和县南部沙漠），到都兰。过柴达木盆地，抵若羌，过于阗、莎车，至塔什库尔干，越葱岭，沿兴都库什山，经阿富汗，到巴基斯坦白沙瓦一带，前往天竺。其归国路线，大约是循原路返回。写有《宋云行纪》一书。这为研究晋魏时中国西北地区和中亚、阿富汗、印度、巴基斯坦等国的历史情况，提供了宝贵资料。

晋时，玄学风靡一时，文士漫游之风随之兴起，阮籍、嵇康等名士常集于竹林之下，酣饮畅游，论道谈玄，寄情山水。这种风尚，可以说，已成为魏晋时代精神的轴心。

王羲之书法，从漫游山水中得到启示，笔法风格有如流水行云，舒卷自如，可谓得山水自然之精灵，把晋代书法造诣，推向高峰。

陶渊明，悠然南山，东篱采菊。构思桃源社会，描绘出一幅优美田园诗意的社会图景，引起当时人们对幸福生活的憧憬。

谢灵运，长期悠游山水，写出了"如初发芙蓉，自然可爱"的山水诗，可算是中国诗坛上第一个山水诗人。

北魏（386～534年）郦道元，在长期旅行中，实地考察山川水系，撰写出著名的《水经注》一书，为中国历史文化宝库增添了一颗明珠。

南朝时期（420～589年），还有一位大旅行家——沙门慧深。他曾远游扶桑国（据考证，扶桑即墨西哥之龙舌兰。扶桑国亦即指墨西哥）。据《南史》（卷七十九），齐永元元年（499年）慧深来至荆州（今湖北江陵），云："扶桑在大汉国东二万余里，地在中国之东，其土多扶桑木，故以为名。"从而得知，他曾横渡太平洋，抵达美洲墨西哥和加利福尼亚一带。这在史书记载中，可算是第一个远去美洲访问的人。

竹林七贤寄意山水

魏晋之际出现了一些文人名士，他们以庄子精神为寄托，常常外出游览，寄情于太行山中竹林幽泉之乡，纵酒谈玄，高尚其志。这一名士团体有7人，其中以嵇康、阮籍为首，包括山涛、阮咸、向秀、王戎、刘伶，世称"竹林七贤"。

他们以隐逸为清高，以山林为乐土，把理想的生活与山林自然之美结合起来。他们思想的主要趋向是崇尚老庄，高谈玄理。

阮籍（210～263年），字嗣宗，陈留尉氏（今河南尉氏县）人。官至步兵校尉，故称阮步兵。

他经常外出游览,登临山水,数日不归。又常常纵酒自醉,带着醉意,跑到山野竹林中仰天长啸,以发泄胸中的闷气。当时的多数人并不了解他的心情,认为他在发狂,叫他为痴人。他又经常率意独自一人驾车,游于山间,不走平坦大道,而走偏僻小路,走到尽头,此路不通时,便停下车来,抱头痛哭一场。后人说:"阮籍猖狂,岂效穷途之哭。"

他曾外出游览,登广武山(今河南荥阳东北),参观当年刘邦与项羽双方交战的地方,并感叹道:"时无英雄,使竖子成名。"以抒发他不满现实的苦恼。再登虎牢山,遥望京邑而长嗟短叹,于是,赋《豪杰诗》。

阮籍也曾登上苏门山(今河南辉县西北),去找隐居于此山的孙登,谈论"道气之术"。孙登不与回应,阮籍因此而长啸以舒闷气。下山退至半岭,忽然听到一种声音有如鸾凤音响回荡在岩谷之间。回头一看,原来是孙登在长啸。可见,当时名士在山间作长啸者不止阮籍一人。由此归家后,写了一篇《大人先生传》,《大人先生传》中把当时所谓的君子——手执圭璧、足履长靴的大人们,比喻成裤裆深缝里,坏絮中的群虱。

阮籍写有《咏怀》诗82首,是他寄情山水的思想感情的会合,也代表了当时士大夫不满现实、郁郁不乐的思想情绪。

阮籍也曾西去长安,大约住在汉长安城霸城门(又名青城门、青门)附近。他很喜欢霸城门外所产的好瓜,世谓之东陵瓜。他在一首《咏怀》诗中云:"昔闻东陵瓜,近在青门外。连畛距阡陌,子母相钩带。"……霸城门外旧出好瓜,昔广陵人邵平为秦东陵侯,秦破,为布衣,在此地种瓜,瓜美,故世谓之"东陵瓜"。有人考证,属哈密瓜之类。

阮籍又游览了黄河,再东去,登上泰山。他写出"泰山成砥砺,黄河为裳带"的诗句。泰山如同一块磨刀石,巍然耸立,成为中华民族的象征。黄河一泻千里,像东方巨人(中国)的衣带,孕育出中华数千年的文明。

他又曾南下游览长江,《咏怀》诗中的一首:"湛湛长江水,上有枫树林。皋兰被径路,青骊逝骙骙。远望令人悲,春气感我心。……"诗的大意说,我来到湛深的长江边,见到岸上茂密的枫树林,江边的小路旁又长满了兰草。我骑着黑色的骏马奔驰前进,极目远望,令人悲哀。这春天的景色倒也感动得我产生了内心的忧伤。诗中又说,"三楚多秀士",这表明他很可能又到过三楚(江陵为南楚,吴为东楚,彭城为西楚)之地。

嵇康(224~263年),字叔夜,其先姓奚,祖籍浙江会稽上虞。后迁居于谯郡铚(今安徽宿县)。铚有嵇山,家居此山下,改姓嵇氏。又河南修武西北有嵇山,亦因嵇康曾居此而得名。官至中散大夫,世称嵇中散。

嵇康,早孤有奇才,美词气,有风仪。长得一表人才。博览群书,尤好老庄之学。他说:"老子、庄周,吾之师也。"他不满时政,不堪流俗。善于弹琴咏诗,并长于四言诗,风格清峻。写的《幽愤诗》很有名。其《赠秀才入军》诗中,就有优美的山水画面,表现了他寄情山水、热爱自然的心情。他又是一位书法家,尤其在草书方面,可称为书坛一杰。

他好老庄之学,曾上山采药而游于山水之间,观赏天空飞鸟、水中游鱼,怡然自得,乐而忘返。并经常与一些好友如阮籍、山涛、向秀、刘伶、王戎等作竹林之游。他们这种山水游逛,想与老庄所提倡的"自然"结合,从其中寻求人生的哲理与趣味,以宣泄其在政治上的失意与心絮中的苦闷。他还经常披头散发漫游于山岩岫谷之间,又作长啸深吟,认为这样可以忘忧养神。

后嵇康遭人陷害而被杀。当他被押往东市受刑时,临死前,要一把琴,弹了一曲"广陵散",曲调悠扬悲壮,使当时聚集在东市的3000名太学生为之流泪。学生们请求司马昭赦免,让他到太学里去做教师。司马昭不答应,仍被处决。死时才40岁。

向秀(约227~272年),字子期,河内怀(今河南武陟西南)人。好老庄之学。曾与阮籍、嵇康等作竹林之游,又泛舟于黄河,灌园于山阳(今河南修武)。嵇康被杀后,向秀来到洛阳,觐见司马昭,司马昭问:"闻有箕山之志,何以在此?"向秀说:"以为巢许(古之隐士)狷介之士,未达尧心,岂延多慕。"司马氏听了很高兴。从此,向秀做了司马氏集团的官。

后来,向秀从洛阳回家时,路经山阳嵇康旧居,怀念故友,写下《思旧赋》。赋中说:"……济黄河以汛舟兮,经山阳之旧居……历穷巷之空庐。叹黍离之憨周兮，悲麦秀于殷墟。追昔以怀今兮，心徘徊以踌躇……悼嵇生之永辞兮，顾日影而弹琴……"共150余字。后来，向秀官至散骑常侍。

刘伶（约221～300年），字伯伦，沛国（今江苏沛县）人。他容貌丑陋。曾与阮籍、嵇康相遇，共同携手游于竹林之间。他常常外出游览，乘坐鹿车，携带一壶酒，请一个人负荷着一把锸跟随在后，并说："在路途中如果我死了，你便就地埋葬我。"他十分喜欢喝酒，曾跪着向天祝愿："天生刘伶，以酒为名。一饮一斛，五斗解酲。"写有《酒德颂》。

山涛（205～283年），字巨源，河内怀县（今河南武陟西南）人。性好老庄之学。原与阮籍、嵇康友好相遇，携手共作竹林之游。后为司马氏所器重，初为右仆射加光禄大夫，后拜为司徒。

山涛喜酒，饮酒8斗方醉。太康四年（283年）病死，时年79岁。

王戎（234～305年），琅玡临沂（今山东临沂）人。出身于官僚家庭，其祖父与父亲都任过州刺史。他与阮籍、嵇康等名士，常在竹林之间优游畅饮，成为"七贤之一"。嵇康被杀，王戎则步入仕途，当过散骑常侍，太守、刺史、中书令、尚书令等。

他在洛阳曾官至司徒，但他不问政事，任内的事都让僚属去做，自己却经常穿着便衣，骑着一匹小马溜出去游山玩水。他在71岁时从洛阳来到郏城（今河南郏县），第二年就病死了。可见，当时官场中的一些大官僚，只顾自身利益，不以国事为重，这种恶习，已经是积重难返。

"竹林七贤",以后逐渐分化,各奔前程。除阮籍、嵇康外,其余几人都做了司马氏政权的官。他们原来都是因怀才不遇,才遨游于竹林山水之间,寄情于诗酒清谈之中。这种文士漫游的兴起,也可以说,代表了当时的一种时代风尚。

2. 王羲之墨染鹅池

王羲之是中国历史上最著名的大书法家,后人称之为"书圣"。他的字被视为珍品,成为中国书法艺术的宝贵遗产。

王羲之(321~379年,一说是303~361年),字逸少,东晋琅玡临沂(今山东临沂)人。后迁建康(今南京),又迁居会稽。曾任右军将军,故称王右军。

他7岁时,开始练字,一直坚持勤学苦练。而学习书法,在苦练的基础上,还要游历四方,扩大视野,进行交流与观摩。少年时,王羲之就曾到洛阳去旅行,了解当地书法家的书法特点。还游历了名山大川,见到过晋朝以前许多有名书法家的手迹。他对各书法家的字体用心临摹,弄清各家书法的特点,学其所长,避其所短,逐渐形成自己的独特风格,别成一体。

王羲之为了练好字,在行路或休息的时候,总是要揣摩字体的结构、框架和气势。心里在想,手指在自己身上、腰间或腿上一横一竖地划起来,日子久了,衣服都划破了。每日写完字,他都要在门前池塘里洗笔砚，时间长了，池塘里的水也变黑了。人们称之为"墨池"。他旅行所到之处，如江西庐山、临川，浙江天台山、会稽葴山、温州等地，都有"墨池"遗迹。北宋时，著名文学家曾巩特地写了一篇《墨池记》，赞扬王羲之勤学苦练的精神。

东晋成帝咸康（335～342年）初年，王羲之奉命镇守江州。咸康六年（340年）在庐山南面金轮峰下玉帘泉附近，营建一座别墅。玉帘泉瀑布，"悬瀑如散丝，随风悠扬，坠潭无声，最为轻妙"，被誉为奇观。金轮峰的形状如轮，号称庐山第一峰，附近又有石镜峰、紫霄峰。王羲之对此优雅飘逸的瀑布、秀丽奇特的山峰，极为欣赏。幽美高旷的自然环境，使他胸襟开阔。从庐山诸峰的自然美景中他获得书法上的宝贵启示，这使他的笔势"飘若浮云，矫若惊龙，为古今之冠"。他别墅旁的池塘，就是有名的"庐山洗墨池"。在别墅后侧的山涧中，有他的喂鹅处，修筑了一个"鹅池"。这"墨池"与"鹅池"，已成为王羲之书法达到"书圣"境界的见证。

王羲之酷爱大自然美景，他调往浙东时，就为钱塘江浩荡的江水所吸引，决心定居于江畔。在会稽内史任内，曾于永和九年（353年）三月三日邀集会稽名流41人漫游会稽山，然后，在兰清山下的兰亭饮酒赋诗，在这有名的"兰亭之会"的席间，共作诗30余首。王羲之描绘此景为"山阴道上行，如同镜中游"。他为这30余首诗作序，并乘兴用鼠须笔书写，即著名的《兰亭集序》。它成为中国书法艺术的珍品，而山阴兰亭也成为中国书法圣地的象征。至今，绍兴留有兰亭遗址。

王羲之书法艺术达到了炉火纯青的境界，获得了极高声誉。梁武帝称赞他的字"犹如龙跳天门，虎卧凤阁"。用"龙跳"、"虎卧"的姿态来形容他的字，可见他的字多么刚劲有力。

王羲之一生爱鹅，字与鹅联系在一起。他认为鹅高洁，圆圆细长的颈项弯转自如，于妩媚中见刚劲。见鹅掌拨水姿态，能从中领悟到书法运笔的原理。他爱鹅，见鹅就买，见鹅就精神舒畅。所以，在他居住与旅游处，都有鹅群相随。当时人十分珍视他的字，以能求得他写的字为荣。所以，流传很多关于求字的佳话。在这些佳话中，也都以鹅换字为主题。

据《晋书》，山阴（今浙江绍兴）有一道士，十分喜爱王羲之的字，想请王羲之写一本《道德经》，又怕他不答应，就想出一个妙计。他知道王羲之爱鹅，就特意精心喂养了一群鹅，待鹅长大，羽毛丰满时，又故意把鹅放在王羲之每次必经的路上。有一天，王羲之经过这里，看见这一群洁白的鹅，十分高兴，便问道士，你能把这群鹅卖给我吗？道士说，鹅不能卖只能换，如果先生真要，就写一本《道德经》来对换吧。王羲之欣然答应，回家后立即写好一本《道德经》交给道士，道士喜出望外，就将这群白鹅赠送给了王羲之，王羲之也甚以为乐。这就是流传已久的著名的王羲之"书成换白鹅"的故事。唐代大诗人李白为此写诗赞赏："右军本清真，潇洒出风尘。山阴过羽客，爱此好鹅宾。扫素写道经，笔精妙入神。书罢笼鹅去，何曾别主人。"

有一次，王羲之在会稽蕺山见到一个老妇人手持六角竹扇在市场上出卖，叫卖半天，无人购买。出于怜悯之心，王羲之为老妇人所持的竹扇各写了 5 个字，并对老妇人说："你说扇上的字是王右军书写的，每把扇要卖一百钱。"老妇人就照这样做了，行人听了，大为惊异，争相竞买。

这些佳话，说明他的字已为当时人所珍视。

王羲之的书法，在于他勤学苦练，广泛地吸取前辈书法家如张芝、钟繇等人的书法特点，同时，还在于他从游览山水景致中得到启示。他的墨池、鹅池都在山涧水畔。一边练字，一边观景，大自然与鹅的姿态对于他已成为具有美学价值的欣赏对象。

王羲之对于书法艺术，既有继承，更有创新，开辟了一个书法艺术的新境界，为中国书法作出了杰出贡献。

王羲之自官位离任之后，"与东土人士尽情于山水之游，弋钓为娱。遍游东中诸郡"，大致范围应包括浙江、江西、江苏、安徽、山东等地。"穷诸名山"，东南名山有庐山、会稽山、天台山、雁荡山、武夷山、天目山等，都留有王羲之的足迹。并且"泛沧海"，即泛舟游于东海之上。他将身心都寄于山水旅行之中。

王羲之是中国最著名的大书法家，又是一位大旅行家。于东晋太元四年（379 年）逝世，葬于浙江嵊县，那里修建有王羲之墓。在大理石碑上，镌刻着"千岸竞秀，万壑争流" 8 个大字，气势雄伟。

3 法显西行佛国取经

法显,是中国东晋时期(317~420年)一位高僧,又是一位杰出的旅行家和翻译家。

法显,原姓龚,平阳郡武阳(今山西临汾)人,一说是山西襄垣人。大约生活于东晋咸和九年(334年)至刘宋永初元年(420年)。经年86岁(一说82岁)。

法显3岁时,被送往佛寺出家当童僧。到20岁的那年,按照佛寺教规,剃光头,在头顶上用香火烧出几个印痕,进行"受戒"。师父给他法号"法显"。

东晋时,佛教大为发展,寺院与僧人增多,而当时佛经的翻译赶不上需要。其中,"戒律经典"更十分缺乏,令广大佛教徒无法可循,陷于混乱状态。当时,佛教有识之士目睹这种情况,感到担忧。于是,试图通过寻求天竺(即印度)"戒律"来矫正时弊,因此,希望派遣生徒出国,寻求经律,以适应佛教发展的需要。

法显是一个聪明、正直、严谨、有志气而又讲求实际的虔诚忠厚的佛教徒。这时,他在佛教界已经度过将近60年的光景。他既对当时佛教界的腐朽和混乱不满,又对缺乏经律所造成的时弊深有感触。而他自己也企求进一步精通佛典,遂决心亲往佛国天竺去取经求法。

东晋隆安四年(后秦弘始二年,400年)春天,法显已58岁（一说65岁）。邀约慧景、道整、慧应、慧嵬4位僧人西行求法。他们从长安出发，翻过陇山至乾归国（今甘肃榆中等地），到耨坛国（今青海乐都县），过养楼山（即养女山，今西宁市北）至张掖（今甘肃张掖）。遇到智严、慧简、僧绍、宝云、僧景5位僧徒，于是，组成10人巡礼团。从张掖出发，沿河西走廊西行，取道汉时丝绸之路南道，经敦煌（今甘肃敦煌），西出阳关，来到白龙堆大沙漠，即《佛国记》中的沙河。书中写道："沙河中多有恶鬼，热风，遇则皆死，无一全者。上无飞鸟，下无走兽。遍望极目，欲求度处，则莫知所拟，唯以死人枯骨为标帜耳。"他们就在这样恶劣环境下冒险前行，经过17个昼夜，走了约1500里路程，才过了这死亡关——沙河。过了白龙堆，沿塔里木河谷西北行，经鄯善国（今新疆若羌县境内），复西北行15日，来到焉夷国（今新疆焉耆），转向汉时丝绸之路北道。巡礼团在焉夷，因为佛教大、小乘派别关系（法显等属大乘派，焉夷僧属小乘派），受到冷落。这时，同伴中有3人为了筹措行资，返回高昌（今新疆吐鲁番）。

从焉夷直进西南行，沿着和田河河谷，横渡塔里木盆地（塔克拉玛干大沙漠）。这段旅程，《佛国记》中说："路中无居民，涉行艰难，所经之苦，人理莫比。"经过35天，才走过这"进去出不来"的险境，到达于阗。再由丝绸之路北道转到丝绸之路南道。于阗是中国西北大绿洲，草木丰茂，人民殷盛，是当时西域佛教的大中心。僧徒达数万人，多是大乘派。家家门前建有小塔,最小的塔可高二丈许,还建有四方形僧房,可供给客僧作为旅行住所。法显在这里住了3个月,观赏了当地规模盛大的佛教"行像"仪式(是一种对雕塑精致的造像欣赏和宗教崇拜的仪式)。

东晋元兴元年(402年)秋,法显等从于阗进向子合国(今新疆叶城地区)。同伴中的一人去罽宾(今克什米尔)。再向西南行,进入葱岭山区,到于麾国(应是新疆塔什库尔干)。再翻越葱岭,顺岭西南行,路途艰险。《佛国记》中说:"其道艰阻,崖岸险绝,其山唯石,壁立千仞,临之目眩,欲进则投足无所。"岭下就到了新头河(今印度河上游),踏着两岸在峭壁中凿石修筑的栈道,蹑悬索桥过河,便到了乌苌国(今巴基斯坦北部),这里是北天竺。这时,慧景等3人由此西南行至那竭国(今阿富汗东北,喀布尔河南岸,贾拉勒阿巴德一带)。法显则南下到宿呵多国(约今巴基斯坦马拉坎德一带)。这里佛法也很盛,他参观了各处的佛教圣迹。再去犍陀卫国(今巴基斯坦拉瓦尔品第一带)。从这里来到弗楼沙国(今巴基斯坦白沙瓦一带)。这时,同伴中有慧达等3人返回中国,慧景不幸在佛钵寺死亡,只剩下法显和另一位同伴道整了。

东晋元兴三年(404年),法显与道整会合之后,从北天竺进入中天竺,遍访当年释迦牟尼常住地舍卫城(今印度北方邦巴赖奇附近),成道处的伽耶城(今印度比哈尔邦境内),诞生地迦维罗卫城(今印度北方邦境内靠近尼泊尔边境处)以及涅槃处拘夷那竭城

（今印度北方邦境内）。

东晋义熙元年（405年），法显来到摩竭提国的巴连弗邑（今印度比哈尔邦巴特那），终于在一座大乘寺庙内寻到了他所要找的佛经戒律《摩诃僧祇律》，又得到了一部《萨婆多众律》，还有一些其他的佛经。于是，法显在巴连弗邑住了3年，刻苦学习梵文梵语，抄录经律，并收集记录许多珍贵的佛教经典。这对佛经的流传具有重要意义，也使他的佛学造诣得到很大提高。

在巴连弗邑，法显在旅行中的最后一个同伴道整，想长留天竺，不愿再走。于是，法显只得孤独一人离开此地，往东旅行，来到东印度多摩梨国（今印度加尔各答附近）。这是一个海边港口城市，佛教很盛行，法显在这里住了两年，写经画佛像。

东晋义熙六年（410年）冬，法显搭乘商船，乘着印度洋初冬的信风和海流，从多摩梨起航，纵渡孟加拉湾，到达狮子国（今斯里兰卡）。

狮子国是个佛教国家，法显在这里观看了有声有色的供养佛牙大游行。他在此又停留了两年，住在王城的无畏山精舍，即现今的阿努拉达普拉古城的阿跋亚耆厘寺院，又寻找到了一些当时中国还没有的经和律。

这时，法显出国已经12年之久了，久居海外，思念祖国之情油然而生。同时，取经的夙愿也已实现，因此，思乡念头更为强烈。有一天，他在无畏山精舍的玉佛像旁边见到一把供佛的白绢扇，他认出这把绢扇是中国的产物。见此小绢扇，竟使他潸然泪下。可见，法显对祖国怀念的深情。

东晋义熙八年（412年）八月，法显再次搭乘商船，踏上归途，船向东航行，刚两天，遇上大风，船只漏水，情况十分危险。漂流了90多天，商船漂到了耶婆提国（即今苏门答腊岛）靠了岸。法显在这里住了5个月。

东晋义熙九年（413年）四月，法显由耶婆提国搭船航海北上，驶向广州。船行一个月，又遇上狂风暴雨，船只迷失方向，随风漂流，越过台湾海峡，终于漂到了山东半岛青州长广郡牢山（今青岛崂山）靠岸。这位年已70多岁的法显，终于回到了日夜思念的祖国。

在崂山，法显住了将近一年。第二年夏天，由陆路经彭城（今徐州）、京口（今镇江），到达东晋都城建康（今南京）。

法显回国后，先在建康道场寺开始翻译佛经，后转到荆州（今湖北江陵）辛寺继续翻译。他与一位印度僧人佛陀跋陀罗合作，共译出经典6部60卷，计100多万言。并写有《佛国记》一书。刘宋永初元年（420年），法显在辛寺逝世。

法显西行佛国印度取经，从东晋隆安四年（400年）由长安出发，开始他的漫长旅行。经祁连山、河西走廊，通过西域诸国，越葱岭，来到阿富汗、克什米尔、巴基斯坦、印度、尼泊尔，又航海南下，到斯里兰卡、印度尼西亚。再绕行中国的南海、东海、黄海，于413年到达山东半岛崂山。他是中国历史记载中到达印度、斯里兰卡和印尼的第一人，也是世界古代史上横穿中亚、南亚，并从海路回到中国的第一人。

法显这次宗教旅行，对中印文化交流作出了重大贡献。他是一位伟大的旅行家，他以亲身经历写出的《佛国记》，描述了旅途经历与印度情况，更是研究中外文化交流史与印度古代史的宝贵资料。

4. 陶渊明"悠然见南山"

陶渊明是中国东晋时期一位出色的田园诗人，尤其是他提出的一个理想社会——桃花源，更著称于世。

陶渊明，名潜，一字元亮，号五柳先生。郡阳柴桑（今江西九江市）人。约生于晋兴宁三年（365年）。据《晋书》，他为陶侃曾孙。曾任江州祭酒、参军。晋义熙元年（405年）被任命为彭泽（今湖口县）县令。在任80余天，因为郡里的督邮要到县里来视察工作，告知陶渊明"束带相迎"，衣冠整齐，恭敬迎接。陶潜听后感叹地说"不为五斗米而折腰"，当日即解除印绶辞官归里，返回庐山西南麓的柴桑故里（玉京山）隐居。后因这里发生山火，又迁到玉京山以西的栗里居住，至今这些地方仍建有"归去来馆"、"五柳馆"，以兹纪念。

他初回到家时，就在家门口栽植了5棵柳树，自称"五柳先生"，写下了著名的《归去来兮辞》，表达了他归家的心情和隐居的乐趣。《归去来兮辞》中说："或命巾车，或棹孤舟，既窈窕以寻壑，亦崎岖而经丘。"意思是他将乘舟车漫游于丘壑山水之间，以寻求人生之情趣。这是中国辞赋名篇，也是庐山地区出现的第一篇著名辞赋。宋代大文学家欧阳修曾说："晋无文章，惟陶渊明《归去来辞》而已。"对他给予了很高评价。

如今，在他的家乡上京（今玉京山），有陶潜故居及他经常劳动和游憩的"斜川"、"东皋"、"西畴"等处遗址。

宋武帝永初二年（421年），他与二三邻居同游斜川，写有《游斜川》诗一首。笔下出现一种和谐恬静的意境："望曾城（山名），鲂鲤跃鳞于将夕，水鸥乘和以翻飞。"面对此情此景，"……提壶接宾侣，引满更献酬。……中觞纵遥情，忘彼千载忧……"宋代大文学家苏东坡曾说："渊明诗初看若散缓，熟看有奇句。……大率才高意远，则所寓得其妙，选语精到之至，遂能如此，似大匠运斤，不见斧凿之痕。"（惠洪《冷斋夜话》）

他在庐山隐居生活或游览山水时的良伴，是诗与酒。他是一位有酒必饮，每饮必醉的诗人。他认为"悠悠迷所留，酒中有深味"。这样也就可以寄情山水，"忘彼千载忧"。庐山南麓虎爪崖下有醉石，相传当年他曾醉卧于此。

陶渊明在隐居期间参加农业生产劳动，写有《归园田居》诗：

种豆南山下，草盛豆苗稀。晨兴理荒秽，带

月荷锄归。道狭草木长,夕露沾我衣。沾衣不足惜,但使愿无违。

诗中表现了他隐居躬耕、披星戴月的辛勤劳动,又使人身临其境地看到农村的宁静生活。他表示:"长吟掩柴门,聊为陇亩民。"

隐居生活为其创作田园诗提供了素材。他的田园诗的特点,是将个人情感与自然景色融为一体。例如:

采菊东篱下,悠然见南山。山气日夕佳,飞鸟相与还。

该诗具有清新的风格,表现了诗人悠然欣赏山间景象的神态。

陶渊明最出名的作品是《桃花源记》。它描写武陵一个渔夫,"沿溪行,忘路之远近,忽逢桃花林","豁然开朗,屋舍俨然,有良田美池修竹之属"。土地肥沃,环境安静,男女老幼和睦相处,怡然自得。这里没有暴政和战乱,没有苛捐杂税,没有欺诈、剥削和压迫,而是人人自食其力,过着和平安定的生活。他们也不和外面的人来往,与世隔绝。"问今是何世?不知有汉,无论魏晋"。这种环境,与当时魏晋社会形成鲜明的对照。陶渊明正是通过这篇优美的散文表达了自己的美好愿望,这篇散文也正是作者理想社会的反映。

有人以为这篇散文有点像幻想小说，属于虚幻梦境。据说，后来有人花了很大工夫去找，结果没有找到这个地方，它只能算是人们心目中的美好境界。其实，它不可能纯属空想，必定有个现实的自然环境为背景。据说，庐山的自然美景为桃花源提供了理想环境，它丰富了作者的想象力。在庐山有不少如同桃花源这样的景致。如含鄱口往北，去天池途中和康王谷中，都有这般景色。可见，庐山的山水美景，确给诗人带来了人间仙境般的意境。

在今湖南桃源县，沅江侧畔，武陵山下，已按《桃花源记》"蓝图""设计"构建了一座"桃花源"风景区。秀丽的山乡，引人进入多彩的佳境。在桃源大门两侧石柱上镌刻着对联："红树青山斜阳古道；桃花流水福地洞天。"此地满山遍野尽是桃花，流水洞天，犹似仙境，寄托着人们美好的憧憬，也令人发思古之幽情。

黄山，今也按陶渊明的"设计"，修建了十里桃源长廊。它又将成为一处幽美的旅游胜地。

南朝刘宋元嘉四年（427年）陶渊明去世，终年63岁。葬于庐山南麓向阳山。今在九江修建了陶渊明纪念馆，门题："浩歌传三径，傲菊自千秋。"

5 谢灵运木屐登山

谢灵运，是中国山水诗派的一位开创者。又是一位旅行家，他特制一双木屐登山，可说是旅游者中的一怪。

谢灵运（385~433年），出身于晋代官宦之家，东晋名将谢玄之孙。祖籍陈郡阳夏（今河南太康县），生于会稽始宁（今浙江上虞县）。15岁时随祖父迁到建康（今南京），袭封康乐公，世称谢康乐。

21岁时，任军中文职官员，随军足迹遍于江苏、安徽、江西、湖北等地，游览了山水名胜古迹。后贬为永嘉（浙江温州）太守，不问政事，终日游览于山水之间。一年后，因病辞职，回到会稽故里，营造别墅，过着隐居生活。

进入南朝宋以后，曾任宋秘书监，在任职期内，他认为宋文帝重用的人在才学上远不如自己，深感怀才不遇，常借故不上朝，引起宋文帝的不满，不久被免职。于是，他寻山陟险，访幽探奇，寄情山水，因而创作了不少山水诗，以寄托自己的愤懑之心。

他登上石门山（今浙江嵊县境内），并夜宿于山上，写有《夜宿石门》诗：

……暝还云际宿，弄此石上月。鸟鸣识夜栖，木落知风发……

晚上宿于高耸入云的山峰岩石上，好像月亮也就在身旁的石上，供人观赏。空谷里传来鸟鸣的回音，才知道树林里有鸟栖息。看到树叶飘落，才知道刮起风来了。这表达了他孤独高傲的心情。

游会稽山作诗：

> 岩峭岭稠叠，洲萦渚连绵。白云抱幽石，绿筱媚清涟。

诗意是：这山上的悬崖峭岭稠密地层叠着，那水中的洲渚相互连绵着。天上的白云拥抱着山间的幽石，嫩小的翠竹映照在溪水清流里，水波荡漾起来，仿佛在传送着明媚的秋波。

诗人从青田返回永嘉，写有《归途赋》："发青田之枉渚，逗白岸之空亭。"路过白岸亭，作《过白岸亭》诗：

> 拂衣遵沙垣，缓步入蓬屋。近涧涓密石，远山映疏木。空翠难强名，渔钓易为曲。援萝聆青崖，春心自相属。交交止栩黄，呦呦食苹鹿……

诗意是：我抖动着衣裳，沿着矮墙似的岸沙堆走来，缓步进入白岸亭。山涧石上有涓涓细流，远处山岭上日光映照着稀疏的灌木。空翠之美难于说出，渔钓之乐易于吟唱。我攀附着青崖上的藤萝，在聆听鸟啭与鹿鸣。眼前的春景，触动了我内心的感情。当我听到黄鸟"交交"的啼声，联想到《诗经·黄鸟》那首诗，引起我的悲伤。听到"呦呦"鹿鸣，又想起《诗经·鹿鸣》那首歌吟君臣宴赏之乐的诗章，心中不无怅惘。

他乘船游湖作诗《石壁精舍还湖中作》：

……出谷日尚早,入舟阳已微。林壑敛暝色,云霞收夕霏……

他从早到晚,整日游兴甚浓,林壑间收集暮色,天边凝聚晚霞,这湖光晚景之美,怎不令人心旷神怡。

他在赴任临川内史途中,游览了鄱阳湖,写下《入彭蠡湖口》诗:

……春晚绿野秀,岩高白云屯。……攀崖照石镜,牵叶入松门……

在春光明媚的时节,荡游于鄱阳湖上,那岸边长满了绿秀的青草,那庐山高崖上聚集着白云。这绿与白的色调,构成了一幅素净而柔和的图画。舍舟登上庐山,攀登山崖,去寻找庐山东一块圆石,这悬崖明净,直可照见人影,恰似石镜。再进入青松遍于两岸的松门山,沿途的景色,美不胜收,令人思绪万千,浮想联翩。

谢灵运的山水诗,诚如鲍照所评:"如初发芙蓉,自然可爱。"能激发人们对自然界的情趣,也能增强对祖国山河壮丽的自豪感。

他在永嘉(今温州)太守任中,纵情山水,不理政务,辞归故里,隐居会稽山,作《山居赋》、《游名山志》,描述了会稽山、四明山一带的自然风光与山川地形,也以此自明其意。

谢灵运的祖父辈是晋朝大官,他居官宦富家,拥有资产和几百名仆从。他每次外出旅行，总有几百名仆从随从左右，形成一个庞大的旅游团。有一次，他命令数百名仆从由会稽南面的山上修筑一条路直通临海，沿途伐木取石。不久，便修成了一条宽阔的大道。

他还为了旅行登山的方便，准备了一双特制的有齿木屐。上山时，取下前齿，便于登山。下山时，取下后齿，便于下山。穿上这双木屐上、下山，他感到如同在平地上行走。因此，人们把这种登山木屐称作"谢公屐"。唐代李白有诗云："脚着谢公屐，身登青云梯。"

南朝刘宋元嘉十年（433年），谢灵运被人诬陷，以密谋造反罪在广州斩首处决，时年49岁。

谢灵运优游山水，写出了不少优美的山水诗，扩大了诗歌的表现领域，推动了诗歌的发展，可算是中国古代诗坛上第一个山水诗人，值得后人凭吊。

6 郦道元考察山川水系

中国古代有一部专讲河道水系的地理书，书名《水经》，旧题是东汉河南人桑钦所撰，全书共3卷，载有137条河道，并指出了河流的发源与流经之地。但叙述简单，质木无文，而且失误不少。北魏地理学家郦道元谈《水经》，指出该书"虽粗缀津绪，又阙旁通"。所以要"寻图访迹"，以补其不足，遂决心为它作注，弄清每条河道的源流、走向、经流、沿革变迁以及有关的历史地理情况。他首先根据《水经》中提到的许多名山大川，进行实地旅行考察，写出了著名的《水经注》。全书达30余万字，注文是原文的20倍，详细介绍了1252条河流，成为描述祖国山河的一部巨著。

郦道元（446或472～527年），字善长。范阳涿县（今河北涿县）人。出身于官僚家庭，父为侯爵。郦道元性耿直，好读奇书。他于北魏孝昌三年（527年）奉命出任关右大使，当年被叛臣雍州刺史肖宝夤杀害于阴盘驿亭（今陕西临潼附近）。

郦道元自幼喜爱山水风光。少年时代就跟随父亲旅居山东，经常与友人漫游淄水（今淄河）、巨洋水（今弥河），欣赏山泉瀑布，访问名胜古迹。他还到过曲阜，瞻仰孔子故里遗迹。

郦道元成年后，进入仕途。魏孝文帝出巡时，他总是跟随同行，从大同到太原、洛阳、邺城、阴山游览。

郦道元周游各地，考察山川水系、名胜古迹，以亲身见闻为《水经》作注文。

他从洛阳出发，到山西、陕西、河南、山东、四川、湖北、湖南、江西、浙江、江苏、安徽等地。所到之处都注意考察历史古迹。

在山西境内游览时，他寻访有关尧、舜、禹的遗迹，并为许多地方作了引注，如汾水平阳（今临汾），他引注道，"应劭曰：具在平水之阳，尧舜并都之也"。晋南涑水，"安邑，禹都也"。"禹娶涂山氏女，思恋本国，筑台以望之，今城东门，台基犹存"。蒲坂，"今城中有舜庙。郡南有历山,舜所耕处也。有舜井,妫汭二水出焉"。陶城,"在蒲坂城北,即舜所都也。南去历山不远,或耕或陶,所在则可。何必定陶,方得为陶也"。"大阳,虞原,原上道东,有虞城,尧妻舜以嫔于虞者也"。

河南境内,濮阳顿丘,他引注《皇览》:"帝喾冢在东郡。"又引《帝王世纪》:"颛顼葬东郡顿丘城南广阳里大冢者是也。"颍川阳城,"颍水又东,五渡水注之。其水东南径阳城西。……昔舜禅禹,禹避商均,伯益避启,并于此也。说周公的土圭测日景处"。偃师尸乡,引注班固曰:"尸乡,故殷汤所都也,亦曰汤亭。"石崤山,"山有二陵,南陵,夏后皋之墓也;北陵,文王所避风雨矣"。敖地,"山上有城,即殷帝仲丁之所迁也"。南阳境内菊水,"湍水(今湍河)又南,菊水注之,水出西北石涧山芳菊溪,亦言出析谷……源旁悉生菊草,潭涧滋液,极成甘美。云此谷之水土,餐挹长年"。此即《抱朴子》所记菊潭甘谷,长寿之乡。

陕西境内,寻访炎黄及西周史迹。"岐水又东径姜氏城南为姜水,炎帝,姜姓,长于姜水,是其地也"。"阳周县故城南桥山,山上有黄帝冢"。

过武功,寻后稷故地,"渭水又东径鳌县故城南,旧邰城也,后稷之封邑。《诗》所谓'有邰家室也'"。游甘水,"渭水又东合甘水,水出南山甘谷。甘亭在水东鄠县,昔夏启伐有扈作誓于是亭也"。

郦道元还到过西周姜子牙垂钓和居住过的地方。"渭水之右,磻溪水注之。水出南山兹谷,乘高激流,注于溪中,溪中有泉,谓之兹泉……即《吕氏春秋》所谓太公钓兹泉也。……石壁深高,幽隍邃密,林障秀阻,人迹罕交,东南隅有一石室,盖太公所居也。"

他还在长安古城,寻未央宫遗址及王莽死处。"东为仓池,池在未央宫西,池中有渐台,汉兵起,王莽死于此台。"

郦道元考察渭水上游时,特地谈到黄帝出生地。"渭水又东南合泾谷水。……乱流西北,出泾谷峡。又西北,轩辕谷水注之,水出南山轩辕溪。南安姚瞻以黄帝生于天水,在上邽城(今天水)东七十里轩辕谷。"

他游历河南、山西之间的三门峡,写道:"昔禹治洪水,山陵当水者凿之,故破山以通河,河水分流,包山而过。山在水中若柱然,故曰砥柱也。三穿既决,水流疏分,指状表目,亦谓之三门矣。"尤其是孟门山,对此山水美景,他作了艺术渲染。写道:"孟门,即龙门之上口也,实为河之巨阨。……其中水流交冲,素气云浮。往来遥观者,常若雾露沾人,窥深悸魄。其水尚崩浪万寻,悬流千丈,浑洪赑怒,鼓若山腾,浚波颓叠,迄于下口。"高原河谷风光跃然纸上。

郦道元对河流沿岸的火山、矿藏、化石等方面,都作了详细考察和描述。

他在㶟水(今山西黄水河、桑干河上游)注文里描述了平城西南的火山和温泉:"右合火山西溪水,水导源火山。山上有火井……源深不见底,炎势上升,常若微雷发响,以草爨之,则烟腾火发。""平城西渡桑干水，去城十里，有温汤，疗疾有验。""下洛城东南四十里，有桥山，山下有温泉。泉上有祭堂，雕檐华宇。"

南游时，郦道元经衡阳湘乡县发现鱼化石。写道："历石鱼山，下多玄石……石色黑而理若云母，开发一重，辄有鱼形。鳞鳍首尾，宛若刻画，长数寸，鱼形备足，烧之作鱼膏，因以名之。"这是化石之首见记载者。

郦道元处于南北朝时期，南北分裂，但他同样重视对南方河流山川的考察。

他南下，来到秭归，寻访了屈原故宅。"累石为室基，名其地曰乐平里。宅之东北六十里，有女媭庙，捣衣石犹存。"到长沙汨罗江畔，凭吊屈原，"屈原怀沙，自沉于此。昔贾谊、史迁皆尝径此，弭楫江波，投吊于渊。"

游登武当山，此山一曰太和山。他写道："山形特秀，异于众岳。峰首状博山香炉，亭亭远出。药食延年者萃焉。"及至宋代，大书法家米芾曾为武当山写下"第一山"三字。后世游人赞美此山："峰如倚天剑，岩如碧罗扇，涧如长丝弦，水如甘露泉。"的确，"山形特秀"，自是"天下名山"。

1994年，湖北武当山已被联合国教科文组织列入世界遗产名录。

郦道元去九嶷山，"峰秀数郡之间，罗岩九举，各导一溪，岫壑负阻，异岭同势，游者疑焉，故曰九疑山。大舜窆其阳，商均葬其阴。山南有舜庙，前有石碑，文字缺落，不可复识"。这庙前石碑，也成为历代前来九嶷祭祀虞舜的文物。

他经衡山，相传"禹治洪水，血马祭山，得金简玉字之书"。"山下有舜庙，南有祝融冢"。夏禹治水到过衡山，现存有"禹王城"三字碑。把传为禹杀白马以祭祀的山峰，名之为白马峰；把掘出宝书的山峰，名为金简峰。衡山的最高峰命名曰祝融峰。祝融，传为黄帝的六相之一。"辨乎南方"，"以光融天下"。意为祝愿他治理南方，能给人们带来光明。祝融死后，葬于衡山之阳。这都反映了南岳衡山的悠久历史。

郦道元东去天目山，此山极其高峻，崖岭竦叠，西临峻涧，山上有霜木，都是几百年的古树。东面有瀑布，下注深沼，名曰浣龙池。

他上会稽山。此山一名防山、茅山、栋山。山形似龟，亦称龟山。"山下有禹庙，山上有禹冢（即今禹王陵）。昔大禹即位十年，东巡狩，崩于会稽，因而葬之"。"山东有湮井，深不见底，谓之禹井"。"秦始皇登稽山，刻石纪功。尚存山侧，为丞相李斯所篆也"。"又有石匮山，石形似匮，上有金简玉字之书。言夏禹发之，得百川之理"。南岳衡山，也有金简玉字，未知孰是。

来到江西，郦道元登上庐山。他说："庐山，虽非五岳之数，穹隆嵯峨，实峻极之名山也。"的确，庐山峰峦秀丽，云雾变幻，泉瀑奔泻，宛若飞练，实神州一座名山。过去，"秦始皇、汉武帝及司马迁，咸升其岩，望九江而眺钟（石钟山）、彭（彭蠡即鄱阳湖）"。

登山远望，气象万千。"禹治洪水至此刻石纪功。或言秦始皇所勒"。

他对长江三峡，也以优美的文笔作了艺术的描写："自三峡七百里中，两岸连山，略无阙处。重岩叠嶂，隐天蔽日，自非停午夜分。不见曦月。至于夏水襄陵……有时朝发白帝，暮到江陵。其间千二百里，虽乘奔御风，不以疾也。春冬之时，则素湍绿潭，回清倒影，绝巘多生怪柏。悬泉瀑布，飞漱其间……每至晴初霜旦，林寒涧肃，常有高猿长啸，属引凄异，空谷传响，哀转久绝。故渔者歌曰：巴东三峡巫峡长，猿鸣三声泪沾裳。"长江三峡虽有险恶之处，但又有山水之美。郦道元这段精彩文章，写出了三峡壮丽奇特的景色，描述出水木相映、泉石交辉的南国意境。

郦道元游历祖国的名山大川，考察地理形势，欣赏山泉瀑布，访问名胜古迹，为注《水经》打下了坚实的基础。同时，他善于学习，在《水经注》中引用了437种书籍和资料，从先辈著作中吸取了丰富的营养。《水经注》系统而正确地描述了祖国山河，是我们研究古史地理的一部文笔生动的地理名著，又是一部有价值的古代旅行指南，不愧为中国历史文化宝库中一颗光华闪烁的明珠。

四 隋唐时期（581~907年）旅行概说

隋唐时期，中国封建社会达到繁荣盛世，内外交往频繁，是中国古代旅行活动大发展的时期。

隋代（581~618年）炀帝（杨广）三游江都。曾北去阴山，西至河西张掖，巡视边情。但其恣意行乐，豪华非常，遂为导致隋朝崩溃的一个重要原因。

这时，中日两国建立了双边国交关系。大业三年（607年）日本派小野妹子为使节，前来隋朝访问。次年，当小野妹子回国时，隋炀帝派文林郎裴世清为大隋使节一同去往日本回访。他们越黄海，取道百济，经对马、壹岐岛，到达九州筑紫。日本圣德太子下令在难波（今大阪）建造迎宾馆迎接中国使者，并在皇宫隆重接待隋使。隋使离日回国，日本再次任小野妹子为使节陪同前来中国。随同人员中有留学生和学问僧共8名。这是日本第一次向中国派遣留学生和学问僧。中日友好往来从此展开。

唐代（618~907年）帝王巡游，有唐太宗、武则天和唐玄宗。

唐太宗（李世民）（599~649年）开创唐代治世，史称"贞观之治"。东去泰山封禅并登峄山。巡洛阳、济源、嵩阳，上嵩山。幸骊山温汤，建温泉宫（今陕西临潼）。至长安南郊少陵原游猎，上终南山，营造翠微宫。西巡陇州（今陕西陇县一带），去岐山，幸九成宫（今麟游县境内），宫殿遗址今已发掘出土，面积东西1000多米，南北300米，坐北朝南，规模宏大。北巡幽州（今北京一带）、并州（今山西太原一带）。再往北，巡视辽东凤凰山（在今辽宁凤城），并刻石纪功。

太宗在位23年，去世后，葬于陕西昭陵。

武则天（武曌，624~705年），中国历史上唯一的女皇帝。山西文水人，出生于四川广元。690年登上帝位，改唐为周，改东都洛阳为神都，徙居洛阳（实际上迁都洛阳），史称"武周"政权。武则天曾上泰山，多次去嵩山封禅，刻有"大周封祀坛"碑。游少林寺，篆刻"赐少林寺僧诗书"碑。还常去香山寺，会见群臣。又去福昌（今河南宜阳），上锦屏山，刻有"锦屏奇观"碑。至汝州（今河南临汝）温汤。又在告成石淙，营建三阳宫，作为避暑之地。

神龙元年（705年）武则天在洛阳上阳宫病逝，终年82岁。706年与唐高宗李治合葬于陕西乾陵。

唐玄宗（李隆基），在位44年（712~756年），骊山行乐，唐代从此出现由盛而衰的局面。

唐代国力富强，社会繁荣。首都长安（今西安）是当时最为开放的国际大城市，可以说是当时世界文化精英的集中地。域外的民族和国内少数民族都侨居城中。外来的教会,如基督教的一个教派——景教来长安传教,并建立"波斯寺"。长安西市,有不少波斯人开设的酒店,胡姬当垆沽酒。大诗人李白经常"笑入胡姬酒肆中"。同时,骠国(缅甸境内一个古国)使团前来献乐,骠国乐舞风靡长安。大诗人白居易写有《骠国乐》诗表现了当时的景象:

……德宗立杖御紫庭,黈纩(皇冠上塞耳的丝棉球)不塞为尔听。玉螺一吹椎髻耸,铜鼓千击文身踊。珠缨炫转星宿摇,花鬘斗薮龙蛇动。曲终王子启圣人,臣父愿为唐外臣。左右欢呼何翕习,皆尊德广之所及……优见骠人献新乐,请书国史传子孙。

当时,在服妆上,也引进胡服与胡妆。诗人元稹《法曲》诗:"女为胡妇学胡妆,伎进胡音务胡乐。"又:"胡音胡骑与胡妆,五十年来竟纷泊。"自盛唐直到中唐,半个世纪以来,在妇女服妆上,都被这股"胡化"的浪潮冲击着。

天宝九载(750年),高仙芝远征石国(今中亚塔什干),传入柘枝舞。舞女服式系"香衫窄袖裁"。入唐的胡旋舞,女穿窄口裤,脚穿小头鞋履。天宝末年,"时世妆"风起,崇尚"小头鞋履窄衣裳"。杨贵妃喜"披紫绡",虢国夫人爱着"罗帔衫",袒肩露颈。还有波斯的马球和乐器(箜篌和唢呐),在长安也很盛行。据说，唐玄宗青年时代是一个打马球的健将。长安城成为当时"胡为华用"（即"洋为中用"）的文化中心。

这时，中日文化交流进入高潮。据记载，从630年至894年之间，日本遣唐使来华访问达19次。日本使臣来中国留居时间较长，有的达几十年。日本阿倍仲麻吕（中文名晁衡）（698~770年）16岁来中国留学，在唐曾任秘书监（相当于国家图书馆馆长）等职务。他与大诗人李白、王维有着深厚的友谊。有一次，误传晁衡在回国渡海时遇难，李白写诗致哀。《哭晁卿衡》诗："日本晁卿辞帝都，征帆一片绕蓬壶。明月不归沉碧海，白云愁色满苍梧。"实际上晁衡遇难未死，755年，晁衡回到长安，770年在长安逝世。今在西安兴庆宫公园内建有阿倍仲麻吕纪念碑。

日本高僧空海（774~835年），随同第17次日本遣唐使来华，拜中国密教大师惠果为师。师徒情谊深厚，堪称中日友谊史上的光辉范例。回国后，空海热情传播中国文化，并以汉字为依据，创造了作为日文字母之一的"平假名"。他在书法上被誉为日本书道宗师，字体仿颜真卿，还擅长篆、隶、楷、行、草等字体，笔势雄浑。这都是留学中国的成就。他为中日两国文化交流作出了杰出贡献。今在西安青龙寺内建有空海纪念堂、纪念碑。

吉备真备（693或695~775年）与晁衡同来中国留学。在长安居住达19年，学习中国文化典籍，《史记》、《汉书》、《三国志》等及诸子百家著作。回国后，他登上讲台讲授中国三史：《史记》、《前汉书》、《后汉书》，在传播中国文化上起了重要作用。

唐代佛教盛行，玄奘西行求法，成为闻名印度的中国高僧，鉴真东渡传法，成为中日友谊的传播者。继玄奘之后，义净由海路去印度求法，天宝年间，悟空入竺取经。

义净（635～713年）俗姓张，字文明，齐州（今山东历城。一说范阳，今北京西南）人。他与法显、玄奘并称"三大求法高僧"。咸亨二年（671年）从广州乘海船去印度求经。曾游历30余国，历经25年。在印度那烂陀寺住了10年。于695年又乘海船回到广州，后到长安荐福寺做翻译僧。写有《南海寄归内法传》和《大唐西域求法高僧传》两部著作。他也是唐时留学印度很有成绩的和尚。

悟空，他不是《西游记》中的孙悟空。俗姓车，名奉朝，京兆云阳（今陕西泾阳县西北）人。天宝十载（751年）随中使张韬光出使罽宾（今克什米尔一带），因病留居犍陀罗（今巴基斯坦白沙瓦一带）。病愈后，出家为僧，法号法界。此后，遍游北天竺、中天竺，觐礼佛迹，是玄奘之后，在天竺影响很大的一位唐朝和尚。回国时，从兴都库什山，经瓦罕谷地，进入今新疆。在龟兹（今库车）一年多，译出《十力经》。在北庭（今吉木萨尔）与当地高僧一起译出《十地经》、《回向轮经》。然后北上，越阿尔泰山，经蒙古地区，于贞元六年（790年）返回上京（即长安）。他自离开长安到返回长安，历时40年。唐朝廷安置他在章敬寺，又正式赐法号曰悟空。另一高僧圆照奉敕编撰《贞元释教录》而访问了悟空。特将悟空游历天竺及其往来于西域的活动写成《悟空入竺记》，这是一部宝贵的历史文献。

唐代诗人李白、杜甫、白居易都钟情山水，而另一位诗人岑参，却对交河郡（今吐鲁番）境内的火山奇观情有独钟。他于天宝八载（749年）至至德二载（757年）之间，两度奉命出使西域，对吐鲁番境内火山多次作诗赞美，写有《经火山》诗：

　　火山今始见，突兀蒲昌东。赤焰烧虏云，炎氛蒸塞空。不知阴阳炭，何独然此中。我来严冬时，山下多炎风。人马尽汗流，孰知造化功。

还有一首《火山云歌送别》诗：

　　火山突兀赤亭口，火山五月火云厚。火云满山凝未开，飞鸟千里不敢来。平明乍逐胡风断，薄暮浑随塞雨回。缭绕斜吞铁关树，氛氲半掩交河戍。迢迢征路火山东，山上孤云随马去。

诗人曾多次经过此山，写成此诗。可见，吐鲁番北境这座青红似火的低矮小山，至迟在唐代已被称为火山。而首先提出火山之名的应是这位边塞诗人岑参。这座小山，也应是《西游记》中火焰山原型之一。现已成为丝绸之路上的旅游景点。

唐代文人学士，盛行喝酒饮茶，为旅游活动增添情趣。茶，是中国名产。《诗经》："谁谓荼苦，其甘如荠。"荼即古茶字。西汉王褒《僮约》："武阳买茶"、"烹茶尽具"。出现"茶"字，"买茶"、"烹茶"说明当时已经饮茶了。三国时，吴王孙皓密赐韦曜以茶当酒，这是史书上明言饮茶的记载。唐代饮茶大为普及。陆羽（733~804年）复州竟陵（今湖北天门）人，隐居苕溪（今浙江湖州），写《茶经》，在杼山传播之，扬名茶坛。又曾至江西上饶县茶山，植茶，置茶园。当时文人会聚，品茶吟诗，更形成"茶文化"的盛时。庐山寺院僧侣也种茶，焙制茶叶，名曰"云雾茶"。据说，饮茶可以促使诗人文思敏捷。白居易云："或饮茶一盏，或吟诗一章。"李白既是酒仙，又是茶仙。当时饮茶已成为一种风尚。这种饮茶风尚传入日本，发展成为日本茶道。

唐代饮酒更成为风气，酒尤为旅游生活中的助兴佳品。李白斗酒诗百篇，饮酒助兴，诗兴大作。诗中有酒，酒中有诗，游兴更浓。当时，葡萄酒流行长安。在西市及城东至曲江一带，都有胡姬酒肆。诗人王翰《凉州词》："葡萄美酒夜光杯，欲饮琵琶马上催……"元稹《西凉伎》："……葡萄酒熟恣行乐，红艳青旗朱彩楼……"这葡萄美酒给人们增添了不少生活情趣。

唐代文人学士，大都钟情山水，外出旅游。各地也开设了旅馆。诗人杜牧在江南一带旅行时，就曾住在旅馆内，因无良伴，而产生羁旅的孤独之感。写《旅宿》诗："旅馆无良伴，凝情自悄然。寒灯思旧事，断雁警愁眠。远梦归侵晓,家书到隔年。沧江好烟月,门系钓鱼船。"旅馆的兴设,说明当时旅游业已有很大发展。

唐代远程西行的还有杜环,他是唐朝名将高仙芝部下一名军官。天宝九载（750年）,大食东侵,高仙芝兵败,唐军多为大食所俘,杜环被俘后,在中亚、西亚及地中海沿岸流浪了12年,于762年间乘商船回到广州。他将游历见闻写成《杜环经行记》。原书散失,唯《通典》中留有部分节录。

杜环经行的地方有:碎叶国（今中亚托克马克）、石国（今中亚塔什干）、拔汗那国（今中亚费尔干纳）、大食（今阿拉伯）、苫国（今叙利亚一带）、末禄国（今中亚土库曼境）、佛菻国（即东罗马帝国,今中亚地中海沿岸）、摩邻国（今非洲肯尼亚马林迪）、狮子国（今斯里兰卡）等。

唐代一位地理学家贾耽,贞元九年（793年）曾任宰相。著《四道记》一书,并绘制《海内华夷图》等地图。现只在《新唐书·地理志》中有部分节录。

《四道记》记述唐代交通四境的7条主要路线:①营州入安东道,从今辽宁朝阳通往黑龙江流域;②登州海行入高丽渤海道,从今山东蓬莱出航通往朝鲜等地;③夏州塞外通大同、云中道,从今陕西横山境通往内蒙古托克托、山西大同等地;④中受降城入回鹘道,从今内蒙古包头通往蒙古国鄂尔浑河;⑤安西入西域道,从今新疆库车通往中亚碎叶、葱岭等地;⑥安南通天竺道,经安南通往印度;⑦广州通海夷道,从今广州经海路通往东南亚等地。

上述交通路线,虽非贾耽亲自出行的路线,但可以说,是他总汇了唐代众多旅行家经行的路线而写成的。对研究唐代中原与周边地区以及东南亚等地的交通情况,无疑是很有价值的。

隋炀帝游乐江南

隋炀帝,是中国历史上一个残暴、奢侈的游乐皇帝。

隋炀帝(569~618年),姓杨,名广。陕西华阴人。他害死了自己的父亲——隋文帝(杨坚),登上皇位,在位13年。

大业元年(605年)隋炀帝即皇位,就下令大兴土木,在江都、会稽、常州、太原等地,都修建了离宫,尤其是大规模营建东都洛阳。他准备把都城从长安迁于洛阳,在洛阳西郊修建了一个大花园,叫做"西苑"。这项工程浩大,苑的周围达200里。苑内有人工造海,海的周长10多里,海中修建3座假山,名为方丈、蓬莱、瀛洲三岛,高出水面100多尺,岛上都建有楼台亭榭,十分壮观。苑内还以东、南、西、北、中的方位,布置为"迎阳"、"翠光"、"金明"、"洁水"、"广明"5个湖泊,并开挖一条水渠,将五湖迂曲沟通,成为一个周流完整的网络水系,沿渠两岸建立16座宫院。这样,渠迂曲如龙,院似鳞甲,故名"龙鳞渠"。这些宫院开门临水,架桥交通,是水景园林格局。每个院内的建筑与布置装饰都十分华丽而又各具特色,并按照各院的特点取名,如:第三院,院内遍种梧桐树,寓有梧桐秋色之意,故名"秋声院";第五院,院内种一种开着彩霞般花朵的李树,故名"明霞院"。

西苑分区造景,自成宫院体系的布局,对后世皇家园林产生了影响。清代北京圆明园的格局仍存洛阳西苑遗风。

隋炀帝出游西苑,总是通宵达旦,热闹异常。他经常携带宫女前来,成为一个庞大的旅游团,其中有仪仗队、乐舞队,还有后妃、宫女、和尚、尼姑和军队护卫,旅游人数多达数千人。每当月下夜游,前面有骑马宫女引路,还有一支演奏着"清夜游"的乐队,后面又有骑马宫女护驾。杨广见此情景,曾得意地说它"超过了周穆王乘八骏去西天旅行的盛况"。

杨广觉得光在洛阳西苑游玩,并不过瘾,于是要到江南去旅游。他选中了江都这个风光明媚的地方。为了去南方旅游方便,首先开通水路,乘龙舟进发。于是,他三次下令开挖运河。

第一次,大业元年(605年),首先开挖通济渠,为行驶龙舟游幸江都的水道,故又名"御河"。此渠水面宽40步(1步合6尺,隋1尺约合今29.5厘米),两岸为大道,种榆树和柳树。自东都洛阳到江都2000余里,树荫相交。每两驿置一宫,为停顿之所。自京师(长安)到江都,离宫有40余所。此渠西起洛阳西苑、东到淮河岸边的山阳(今江苏淮安)。沟连了洛水、黄河、泗水、淮河，再接上邗沟（春秋时吴王夫差所开凿）。又把沟加宽取直，使水从山阳到达江都进入长江。

第二次，大业四年（608年），开凿永济渠，从汜水县（今河南荥阳）东北引黄河水，北连沁水、淇水，至临清到天津汇合白河入海。又北通涿郡（今北京境），全长2000余里。

第三次，大业六年（610年），开凿江南渠，自京口（今镇江）引长江水到钱塘江的余杭（今杭州），全长800余里。

隋代开凿大运河，原意为了游乐，不惜滥用民力，征发郡民达百余万，民工相继死亡于路，民怨沸腾，给人民带来巨大灾难。但是，这条大运河，北起涿郡，南至杭州，全长1722公里，沟通了海河、黄河、淮河、长江、钱塘江五大水系，成为南北交通大动脉，促进了南北经济文化的交通，有利于国家的统一，对后世有着深远影响。从客观上说，确是一大功绩。

运河水路畅通，杨广曾三次乘坐"大龙舟"游览运河沿途风光，直达江都巡游。

第一次下江南，大业元年（605年）八月，乘龙舟去江都巡游。第二年（606年）四月，返回洛阳。

第二次下江南，大业六年（610年）三月，乘龙舟巡游江都。第二年（611年）二月，又乘舟入通济渠，至涿郡，再回洛阳。

第三次下江南，大业十二年（616年）七月，乘龙舟巡游江都。至大业十四年（618年），杨广被宇文化及所杀，隋亡。

杨广乘坐的大龙舟，长 200 尺，高 45 尺，阔 50 尺，分为 4 层，上层有正殿、内殿和东西朝堂，中间 2 层有 120 间房，下层为宦官内侍住处。挽船的人叫做殿脚。龙舟殿脚有 1080 人。皇后乘坐的龙舟叫翔螭，有殿脚 900 人。随行的王公、大臣、妃嫔和和尚、尼姑、道士，分乘几百艘华丽大船。纤夫有 8 万多人。这支庞大的船队航行时，船只首尾相接，长达 200 多里。两岸有骑兵护送，旌旗蔽野。沿途几百里内的老百姓，都被迫前来"献食"，致使人民倾家荡产，无法生活下去。

杨广在扬州，大兴土木，建造了规模巨大的行宫——江都宫。又在雷塘建造楼台亭阁，专供皇帝寻欢作乐。据说，他游览了万松山、金钱墩、象牙林和葵花岗之后，要御厨对景生情，做出 4 道象征性的菜肴，御厨费尽心思，终于做出了 4 道菜：松鼠鳜鱼、金钱虾饼、象牙鸡条、葵花献肉。经品尝，都加称赞，认为这 4 道菜既形象，又美味。此后，它们就成为江南 4 道名菜。

杨广在第一次巡游江都之后，于大业五年（609 年）率领大军准备西征。自长安出发，沿渭河西行，经陇关，过秦州（今天水）、狄道（今临洮），由临津关渡黄河，至西平（今西宁），越过大斗拔谷（今甘肃武威西），出巡河西，再由张掖东还。

在第二次游江南之后，大业七年（611 年）他又北巡涿郡（今北京附近），住在临渝宫内，亲自穿上戎服，为出师胜利而祭祀黄帝。五月间，西幸太原，天气炎热，避暑于汾阳宫（在岢岚燕京山上），再车驾驰幸雁门。北上阴山，到今内蒙古牧场旅游，领略塞北风光。

在他将作第三次江南巡游时，国内危机四伏，隋朝的经济摇摇欲坠。他在长安宫内已感到形势危急，这使他寝食不安，夜里不得安眠，经常被吓醒，需要几个宫女摇抚着他，方能入睡。

在洛阳，有一次，宫城西院大业殿起火，他以为起义军打进宫城来了，吓得急忙逃入西苑，躲进草丛，直到火势扑灭，才敢从草丛内出来。就是在这恐惧的情况下，他还要作第三次巡游江南。谁敢谏阻，说个"不"字，就斩谁。在出发之前，隋炀帝曾去西苑观赏日落，遇朵云遮蔽。他坐在船上睡着了。据说，做了一场噩梦，梦见被隋灭亡的陈后主（陈叔宝）对炀帝说："你可能像我那样享受了人间荣华富贵，但只落得个亡国下场，还可能更惨，也许被人砍头而死。"杨广从噩梦中惊醒，立即回到宫中，坐卧不安，整日处于紧张恐惧之中。

杨广第三次巡游江都，成天酣饮。这时，出现一些不祥之兆，有鸟鹊飞入他的幄帐内筑巢，驱赶也不离去。又"日光四散如流血"。杨广见到这些怪现象，十分厌恶。有一天，他对着镜子自言自语道："好头，好头，谁来斩首。"这个荒淫残暴的隋炀帝已预感到末日即将到来。

隋大业十四年（618年）三月，他的屯卫将军宇文化及等人，鼓动数万名饥民起来造反。于是，杨广被绞死于温室，时年50岁。萧后命令宫人把他睡过的木床竹席拆散，拼凑成棺材，把他埋葬在江都吴公台下，后改葬于江都（今扬州）北郊雷塘之阳。

唐玄宗东巡泰山，行乐骊山

唐玄宗的统治时期是唐朝鼎盛时期，史称"开元盛世"。可是，到了晚年，他贪恋女色，纵情享乐，酿成"安史之乱"。唐代由盛而衰了。他喜欢旅游活动，东巡泰山，行乐骊山，又是一个旅游皇帝。

唐玄宗李隆基（685～762年），陇西成纪（今甘肃天水）人。死后谥"至道大圣大明孝皇帝"，后世因称唐明皇。

开元十三年（725年），唐玄宗决定登泰山而封禅（祭祀天地之礼。在泰山上祭天，到泰山下祭地）。十月间，他率领一支庞大的旅游队伍，从京城长安出发，经洛阳东行，其随从百官、贵戚，各民族首领及满载着封禅祭祀供具之物的车队，长达百余里。十一月到达泰山下，唐玄宗骑上专门从四川挑选来的白骡马，与宰相、祭祀官一起上泰山，在岱顶设坛祭天。其仪仗队环列于山下恭候。封祀礼毕，唐玄宗亲笔撰书"纪泰山铭"，勒刻于岱顶大观峰峭壁上，即今"唐摩崖"。碑高8.8米，宽5.3米，通篇隶书2000字。文中记述自己的功德，书法端严雄浑。后人评其书法"若鸾凤翔舞于云烟之表"，值得欣赏。

当唐玄宗回到泰山脚下时,白骡马劳累而死。玄宗封之为"白骡将军",并修建"白骡冢",在今红门东。然后,祭地于社首山,加封"泰山之神"为"天齐王"。去曲阜瞻仰孔子故宅,遣使以太牢(牛、羊、豕三牲)祭祀孔子墓。

在泰山天柱峰西侧有一山峰,名曰"丈人峰"。据说,唐玄宗泰山封禅时,任中书令张说为封禅使,张说乘机将其女婿郑镒由九品官骤升为五品官,玄宗发现后,怪而问之,郑镒无言以对。在场的大臣黄幡绰乘机解围说"此泰山之力也"。此后,人们便称岳父为"泰山"。泰山顶上的"丈人峰"之名,即由此得来。

从开元末年起,唐玄宗在每年十月间带领杨贵妃和主要官员来骊山华清宫乐游,第二年二月间才回到长安城。

"安史之乱"是唐代由盛而衰的转折点。由于唐玄宗宠爱杨贵妃,诚如白居易《长恨歌》中说的"汉皇重色思倾国",朝政日益腐败,成为导致祸乱的主要原因。所以,他俩成为历史上最引人注目的人物。他们的游乐地——骊山,也就成为人们最感兴趣的古迹之一。

骊山,在长安城之东临潼境内,这里的温泉很有名。周、秦、汉、隋都曾在这里建过离宫。唐太宗在此建汤泉宫。唐玄宗开元年间重加扩建,天宝六载(747年)改名华清宫。著名的"长生殿"故事就发生在这里。

骊山,既可消寒,又可避暑。白居易《长恨歌》

中称:"骊宫高处入青云,仙乐风飘处处闻。"还有一处飞霜殿,在这里过冬,可以欣赏殿外的霜雪景色。

华清宫规模很大,遍山的亭台楼阁,从山脚一直排列到山顶,苍松翠柏、奇花异木点缀其间,成为一座幽美的园林。华清宫遗址,今经考古发掘,清理出5个浴池:星辰汤、太子汤、贵妃汤、莲花汤、尚食汤。其中,贵妃汤,亦名芙蓉汤、海棠汤。平面近椭圆形,全用青石砌成。整个浴池平面像一朵盛开的海棠花。

唐玄宗又是一位有皇帝身份的多才多艺的音乐家。他"洞晓音律","凡是丝管,必造其妙"。又能"制作调曲","随意即成"。他酷爱法曲,著名大曲"霓裳羽衣曲",传说是唐玄宗创作的最得意的法曲作品之一。

他亲自着手建立"梨园"。此园是在内廷设置的音乐歌舞教习场所。因地点设在宫廷禁苑的果木园圃——梨园内而得名。他从坐部伎(堂上坐奏的乐伎)弟子中选调300人到梨园教习,并亲自担任音乐教练。凡"声有误者","必觉而正之"。这些艺人,因此而被称为"梨园弟子"。

除宫中梨园外,在长安城内还设有"梨园别教院",在洛阳也设有"梨园新院"。

他最宠爱的杨玉环(即杨贵妃),能歌善舞,通晓音律,又擅长各种乐器,对磬和琵琶都有造诣。她是胡旋舞的高手,这种像飞雪飘飘、莲草飞转的动人舞蹈,使唐天子入迷,也成为唐代风靡全国的舞种。现在,我们还可在敦煌莫高窟220窟壁画中约略见到胡旋舞姿。1985年,宁夏盐池县苏步井乡发现的唐墓中的两扇石墓门上，也刻有胡旋舞图案。据报道："舞者为男伎，乱须卷发，深目高鼻，胸宽腰细，体魄健壮，发束带，身着圆领紧身窄袖衫，下着裙紧贴腿，脚穿长筒皮靴，各踩在一小圆毯上，双人对舞。"这种画刻，在唐代墓葬中，尚属首次发现。这为研究唐代音乐舞蹈，提供了珍贵的实物资料。

唐玄宗与杨贵妃外出旅游，常带乐队随行，骊山上就有专为吹笛行乐的吹笛楼。

在长安城内兴庆宫园林中，牡丹花闻名于长安。在龙池畔，有一座用沉香木建成的亭子，名曰沉香亭。每当牡丹盛开时，他们就来这里饮酒赏花，梨园弟子乐队伴奏，大歌唱家李龟年唱歌助兴，又请大诗人李白前来，李白遂作《清平调》三首："云想衣裳花想容，春风拂槛露华浓……""一枝红艳露凝香，云雨巫山枉断肠（这是说杨太真妃比楚襄王梦中遇见的神女还要漂亮）……""名花（牡丹）倾国（杨太真妃）两相欢，长得君王带笑看。解释春风无限恨，沉香亭北倚阑干。"玄宗也自吹玉笛唱和，杨太真妃（这一年尚未册封为贵妃）手捧西域葡萄酒在旁欣赏，吹打弹唱，咏诗起舞，好一派良辰美景，赏心乐事。

长安城东南有一座幽美园林——曲江池，是京都人游览的胜地。池畔有唐玄宗的行宫，另有紫云楼、芙蓉苑、杏园、慈恩寺、乐游原等名胜地。曲江，每到春暖花开季节，杨柳新绿，百鸟争鸣，一片春意迷人的景色。唐玄宗与杨贵妃及其妃嫔百官、乐队来到曲江行游，或池中荡舟，或林中游猎，好一派欢乐盛况。

唐玄宗还十分喜爱看斗鸡表演。宫中有一所鸡坊，养了1000多只鸡。于是带动了皇亲贵族家家养鸡斗鸡，成为一种风气。每年清明节、元宵节、中秋节，唐玄宗都要在节日里看斗鸡。在骊山旅游时，除温泉沐浴外，其他娱乐项目主要有跳舞、听音乐、看斗鸡、看杂技表演，等等。

唐玄宗在位时，国际交往不断增多，也从外国吸收了一些好的东西。当时，在长安城中修建了一座凉殿。天热时，殿的四角壁檐就有凉水流泻下来，形成水帘。殿内十分幽凉。据说，这是从大秦传来的方法。

骊山，是李隆基与杨贵妃旅游行乐点。他沉溺于纵情享乐之中。正如大诗人白居易《长恨歌》中所说：

……春寒赐浴华清池，温泉水滑洗凝脂……春宵苦短日高起，从此君王不早朝……后宫佳丽三千人，三千宠爱在一身……渔阳鼙鼓动地来，惊破霓裳羽衣曲……

这首诗，描写了唐玄宗已成为一个迷恋女子的昏庸的帝王。骊山，实是唐代由治而乱、由盛而衰的见证。这处历史遗迹，定会引起旅游者抒发思古之幽情，或作怀古之感叹！

3 唐僧玄奘西行取经

中国著名小说《西游记》，记载了唐僧在孙悟空、猪八戒、沙和尚的保护下去西天（天竺）取经的故事。其中，孙悟空、猪八戒、沙和尚三人是小说家虚拟的，而唐僧取经确有其事。不过，作者运用浪漫主义手法进行的艺术创作，与历史上的唐僧西行取经是很不相同的。

唐僧即唐代著名高僧玄奘（600～664年，又有生于596年、602年、607年之说）。通称三藏法师。俗姓陈，名祎，洛州缑氏（今河南偃师缑氏镇）人。13岁时，随其二哥陈素（法号长捷）一起在洛阳净土寺出家当和尚，法号玄奘。曾在洛阳、长安、成都等地游历，向名师求教。21岁时受戒于成都空慧寺。又与商人结伴乘船，泛岷江，入长江，过三峡，直至荆州（今湖北江陵），在天皇寺与僧众探讨佛学。半年后离荆州，北往相州（今河南安阳）、越州（今河北赵县）等地，向当地寺院僧人请教并讲学。于贞观元年（627年）来到长安。又向法常、僧辩两位大师学习。这两位佛学大师赞许玄奘是"释门千里之驹"，因而，名声大振，"誉满京邑"，成为闻名于长安的青年高僧，这时玄奘才20多岁。

隋唐之际，中国佛教各学派在一些问题上存在矛盾看法。玄奘所求教的那些大师各有师承，对佛教经典中的一些解释也有不尽一致之处，难于理解，必须进一步探讨。同时，玄奘又感到当时传入中国的佛教典籍不多，译文也难于表达原意。这就必须亲自前往佛教发源地天竺（今印度）留学求法。

唐武德九年（626年）冬，中印度那烂陀寺戒贤法师的门徒波颇密多罗来到长安，玄奘向他求教，并得知印度佛教界的情况，从而也知道印度著名的戒贤法师学识渊博，并在那烂陀寺讲学。于是，玄奘决心西行求法。

贞观三年（629年），玄奘29岁，偷偷地离开长安，踏上西行征途。经秦州（今甘肃天水县）、兰州，过黄河，到凉州（今甘肃武威）。凉州是唐朝西部重镇，为东西交通要道，并派有都督镇守，当时严禁老百姓私自外出，而玄奘并未得到政府的"过所"（通行证）。玄奘来到凉州后，接受了当地僧人的邀请，登坛讲经达一个多月。而西域各国来往的商队闻知玄奘的声名，也向他们本国报告。所以，玄奘西行印度的信息传开了。可是当时都督则逼令玄奘东返长安。幸亏当地有个慧威法师同情玄奘西行求法的壮举，暗中派了两个门徒护送玄奘西行。玄奘离开凉州，昼伏夜行来到瓜州（今甘肃安西）。

由瓜州西北行，即到玉门关。这时，玄奘骑的马病死了，随他同行的两个小和尚，一个回凉州，一个去敦煌。而官府追阻他的牒文也已来到瓜州。牒文写道："有僧字玄奘，欲入西蕃，所在州县，宜严候阻。"但他得到了瓜州刺史独孤达和官员李昌的帮助，避过了沿途阻拦和关卡。玄奘起程时，遇见了一个胡人（西域人）名叫石槃陀，愿意做他的弟子，为他引路。另又介绍一个骑着又瘦又老的赤马的老翁说："这位老翁去过伊吾（今新疆哈密）30次，熟悉路程。"接着石槃陀离去了。这位老翁劝玄奘说："西天道路遥远而又险恶。在沙河（大沙漠）里，只有以枯骨作为标记。而你又是单身，不必冒生命危险吧。"玄奘答道："我发誓西行取经，决不东退一步，虽死途中，决不后悔。"老翁就将这匹老而瘦的赤马送给玄奘。并说："这匹赤马，脚力矫健，往返伊吾已15次，是识途的老马。"于是，玄奘与老翁敬礼挥别，骑上这匹识途老马，孤身孑影向沙漠进发。一路上，平沙无垠，只有望着枯骨和驼、马类的踪迹前进。气候瞬息万变，往往映出一幅幅可怕的"沙漠幻景"。在这恶劣的环境里，他走了近百里，望见一座烽火台。傍晚，他悄悄地走到烽火台旁边，果然见有清水池，他正要取皮囊盛水时，突然飞来一箭，接着又射来一箭，玄奘急忙朝着烽火台大声喊叫："我是长安来的和尚，要去西天取经，请你们不要射箭。"守卫烽火台的官兵问清楚了玄奘的来历，都很敬佩，并留他住了一夜。第二天清晨，又送他过了烽火台。走了一整天，到了傍晚，来到第四烽火台，受到款待，留宿一夜。次日清晨，烽火台的官兵送他干粮、清水和马料。玄奘告别了第四烽火台官兵，向野马泉进发。到此进入莫贺延碛（噶顺沙漠）。黄沙漫漫，一望无际，迷失了方向，在四顾茫茫的惊险途中，一直走了四天五夜，人和马都极度干渴，不能动弹，倒卧在沙地上。半夜里，一阵凉风吹来，人和马逐渐苏醒过来。老马突然狂奔，发现一片草地和一口清泉，这才把他从死亡边缘上挽救过来。再走了两天，他横越莫贺延碛，抵达伊吾。

玄奘到伊吾，正遇见高昌（今新疆吐鲁番）使者，受邀请去高昌。高昌王麹文泰的先世原本是河西金城榆中（今甘肃兰州市东）人。他又是一个佛教徒，对玄奘很尊敬，曾几次想留住玄奘。玄奘坚决要西行求法。高昌王深受感动，答应护送他西行，并送给玄奘衣服、干粮、挑夫和30匹马，还亲笔写了信，请沿途各地区头目关照这位远行的高僧。玄奘深为感激，写下《谢高昌国王启》，感谢他的盛意。

玄奘自高昌出发，沿天山南麓西行，经阿耆尼国（今新疆焉耆），至屈支国（今新疆库车），到跋禄迦国（今新疆阿克苏）。再西行，一路高山峻岭，西北越过凌山（天山山脉腾格里山太素尔岭，创下六千多米的登高纪录）。"山谷积雪，春夏合冻……经途险阻，寒风惨烈……飞沙雨石，遇者丧没，难以全生"。随行的人，有的逃回，有的死亡，驼马死得更多。经过7天的生死挣扎，才越过凌山。这也是玄奘过莫贺延碛之后第二次经历的险境。

过凌山，沿着热海（今中亚伊塞克湖），向西北行至素叶城（碎叶城，今中亚托克马克附近）。玄奘见到叶护可汗，送上高昌王的介绍信。可汗很高兴，派人一路护送。再西行，到呾逻私城（今中亚江布尔），由此西南行至赭时国（今中亚塔什干），东行至飒秣建国（今撒马尔罕城）。进入葱岭，来到梵衍那国（又名康国，今阿富汗的巴米安）。

巴米安是个佛教圣地，玄奘到此，受到国王的欢迎，当地僧人也热诚地伴随玄奘四处参观礼拜。

玄奘后来到傅喝国（阿富汗北部城市巴尔克，今称马札里沙里夫），停留了一个多月，他在佛寺里读到他渴求的经论，又和当地僧人讨论佛典，"相见甚欢"。

出梵衍那，越过黑岭（又名黑山，今兴都库什山脉），遂入北印度境。到印度河上游的犍陀罗国（今巴基斯坦白沙瓦一带），巡礼佛迹及犍陀罗艺术。然后，再到迦湿弥罗国（今克什米尔），这里是小乘佛教的发源地之一。玄奘住在王城（克什米尔，斯利那加）阇耶固陀罗寺，国王派了几十位有学问的和尚和他讨论佛学。在这里，玄奘大约花了两年时间熟读了这里所收藏的佛典。到他离开寺院时，该寺的法师宣称："这位唐朝和尚的学识，在我们国家里还找不到第二个人来。"

玄奘从迦湿弥罗起程，沿着恒河而下，巡礼朝拜摩揭陀国（今印度比哈尔邦境内）的迦耶城、贝拿勒斯等地的佛教圣地。最后于贞观五年（631年）进入那烂陀寺（今印度比哈尔邦巴腊贡地方）。玄奘西行，主要是求取《瑜伽师地论》，而那烂陀寺主持人戒贤是当时最精通此论的一位法师。那烂陀寺是当时印度最大、最著名的佛寺，僧徒主客常有万人。玄奘从该寺戒贤法师学习《瑜伽师地论》等重要经典，深受印度佛教学者的敬重，待以上宾之礼。

玄奘在那烂陀寺整整住了5年之后，开始漫游印度东部、南部和西部各处。拜访名师，巡礼圣迹。他的行踪，最东到迦摩缕波（今称高哈蒂），最南到达罗毗荼（今印度马德拉斯西南一带），最西到朗揭罗（今巴基斯坦俾路支东南一带）。漫游经历了6年，仍回到那烂陀寺。

当时中印度摩揭陀国的戒日王,于642年冬,特地为玄奘在曲女城(今印度卡瑙季)召开无遮大会,邀请印度18国的国王、佛教学者、婆罗门学者达6000人出席,大会以玄奘为主讲人,称为论主。由玄奘提出"真唯识论",作为辩论主题。在18天内,竟无一人提出异议,群情悦服。为此,玄奘获得"大乘天"(大乘佛教最高权威)的荣誉称号。玄奘在印度赢得了极高声誉,为中印友好关系人作出了卓越贡献。

无遮大会之后,玄奘坚辞戒日王的挽留,决意回国,戒日王赠大象一头以及行程费用等种种,并派专人伴送玄奘到中国国境。

玄奘用大象驮载在印度搜集到的各种经论520箧,总657部,还有佛舍利和金、银、檀木雕刻的佛像,于贞观十七年(643年)夏,取道葱岭,东归祖国。贞观十八年(644年)到达于阗,即请便人上表讲示行止。8个月后,唐太宗回旨表示欢迎。并命令于阗以及经过的沙州(今敦煌)派人迎送。于贞观十九年(645年)正月二十四日回到长安。

进入长安城,玄奘受到欢迎,他还陈列了带回的经论佛像。玄奘被安置在弘福寺,后迁至大慈恩寺(今大雁塔)。这时,唐太宗正在洛阳,立召玄奘到洛阳会见。之后,复归长安弘福寺,开始他的佛经翻译工作。一共译出经论74部,总1335卷,约1300多万字。玄奘也成为一位划时代的大翻译家。

玄奘另一个杰出贡献,是将西行旅途中的见闻,口述并最后定稿,门徒辩机执笔而写成《大唐西域记》一书,共 12 卷,约 103000 余言。该书介绍了西域和古代天竺 138 个国家的佛教、社会、民族情况和他在所经地区的活动,是研究中世纪中亚、南亚各国历史、地理、文化和中西交通的重要资料。

唐高宗麟德元年(664 年)二月初五日,玄奘在长安郊外玉华寺逝世,终年 65 岁。四月十四日葬于长安城东白鹿原。5 年后唐高宗将玄奘火葬,遗骨迁葬于樊川北原即西安南郊兴教寺。寺内有玄奘塔。宋仁宗天圣五年(1027 年),将玄奘顶骨移至南京。

玄奘是一位杰出的翻译家、旅行家、佛教大学者,为中印文化的交流作出了重大贡献。他的业绩,将永远留在中印人民的心间。

僧一行天文实测行千里

唐代著名的天文学家僧一行,为主编《大衍历》而实地测量、旅行数千里,成为唐代又一位旅行家。

僧一行(682~727 年),俗姓张,名遂,魏州昌乐(今河南南乐,一说河北巨鹿)人。

一行年轻时,勤奋好学,博览经史,尤其喜欢钻研天文历法、阴阳五行之学。他常到长安等地旅行,求师访友,并成为闻名于长安的青年学者。

当时,武则天当皇帝,她的侄子武三思权力很大,想结交当时的学者名流,以抬高自己的声望。他仰慕张遂在学界的名望,愿与结交。而张遂却不愿与武三思往来，为了逃避此事而隐居起来。不久，他到河南嵩山的嵩阳寺出家当和尚，法号一行，师事普寂禅师。

睿宗（李旦）即位，景云元年（710年）以礼请一行回京任职。一行借病推辞，不应命。因而，徒步走往荆州（今湖北江陵）当阳山，拜沙门悟真法师为师，学习梵律和天台教律，后入密宗。

后来，一行离开当阳山，到各地旅行。漫游江南名山，寻师访友，行程一两千里，来到浙江天台山国清寺，从隐名大师求算法。天台山的碧溪上，有一座石桥，为纪念名僧丰干而建，故名丰干石桥。平时丰干桥下的水流是由东涧水与西涧水汇合而径向南流，一行来访时，正值东涧水暴涨，倒灌于西涧。于是，人们便演义出"一行到此水西流"的故事。至今国清寺前西侧溪边，树有"一行到此水西流"石碑一座，留作一行来寺寻求算法的纪念。

一行得密宗之旨，以天台教律之理释之，后传入日本，创立台密一宗。

唐玄宗即位，开元五年（717年），朝廷派一行的族叔礼部郎张洽到湖北荆州当阳山，"强起"一行回京。一行被安置在光太殿任职。他仍住在长安华严寺翻译佛经。约在开元十二年（724年），朝廷任命一行主持编制新历法。这就使领导天文历法的研究和天文测量的重担落在了一行肩上。

当时所用的历法是唐初天文学家李淳风（602～670年）编订的《麟德历》，已经使用了50多年，在许多方面不免出现误差，连计算日食、月食都不准，因此，需要编制新历。一行提出了改革历法的建议，主张进行实地测量。他指出"今欲创历立元，须知黄道进退，请更令太史测候"。唐玄宗采纳了这一建议。于是，在一行的主持下，展开了大规模的"改撰新历"的工作。一行遂与府长史梁令瓒组织工匠设计创制黄道游仪和水运浑天仪等精巧的天文仪器，接着进行全国性天文大地测量工作。

这次大地测量的范围很大，观测点分布在13个地点。南至林邑（今越南中部，约北纬18°），北至铁勒（今贝加尔湖附近，约北纬51°）。测量重点在黄河以南平原地区。他选定5个地点观测日影长短度。这5个地点是：阳城（今河南登封告成镇）、蔡州武津（今河南上蔡县）、许州扶沟（今河南扶沟县）、汴州浚仪太岳台（今河南开封市西北）、滑州白马（今河南滑县）。在阳城测量之后，立一石表，上刻（沿用）"周公测景台"5字，以作纪念。至今，石表仍留在当地，是一件珍贵文物。

测量的主要内容，是在"二分"（春分、秋分）、"二至"（夏至、冬至）正午时量度八尺"表"（标杆）的日影长度和"北极出地"高度（相当于地理纬度），准备用以编制新历法。

按预定计划，对武津、扶沟、太岳台和白马4个观测点之间的距离进行测量。这4个地点差不多正好在同一子午线上，形成南北方向的排列。一行由4处的北极出地高度差与距离的比例关系，得出南北相距"大率三百五十一里八十步，而极差一度"的重要结论

(《新唐书·天文志》)。将此换算成现代的表示法即：1°为131.11公里（近代测量子午线1°长110.94公里）。这个数据，就是一行测量出的地球子午线1°的弧长。这是世界上第一次用科学方法实地测量子午线（经线）的记录。

一行等制造观测天象的"黄道游仪"，观察太阳在宇宙空间的运行轨道，测定日、月在轨道上的位置和运动情况。一行利用这个"黄道游仪"，发现了恒星移动的现象，这又是世界上第一次新的发现，它大大地推动了人类对恒星的观测和研究。

开元十二年（724年），天文实测工作胜利结束，参加实测的人员先后回到长安，开始历法的编订工作。在一行等人的辛勤努力下，3年后，终于制定出新的历法（初稿），这便是中国历史上有名的《大衍历》。北宋科学家沈括（1031~1095年）曾指出："开元大衍历最为精密。"这历法的精密，主要来自实地测量的结果。可以说，《大衍历》的编出，是一行等人从事科学考察进行旅行活动的结晶。

《大衍历》比较正确地掌握了太阳运动的规律，将太阳和月亮每天的位置和运动，每天见到的星象和昼夜时刻，日食、月食和五大行星的位置，都作了说明，条理分明，眉目清楚，是当时一部最先进的历法。

《大衍历》编出之后，一行再次下江南，漫游名山大川，拜访名师，进一步研究"大衍术"。他再到天台山国清寺访师。该寺的一位高僧正在院中演算"大衍术"，听见簌簌的声音，就对他的门徒说："今日当有弟子来求吾算法，已经到了。"接着，再算一次，又说："门前水西流，弟子当至。"一行已在门口听到高僧这样说，真感神机妙算，赶快入门行礼拜见，请求法术，高僧就将"大衍术"全部传授给了一行。《旧唐书·一行传》这一记载，虽带有故事性，却说明旅行可以开阔视野，增加知识。

一行在国清寺继续推导《周易》大衍之数，改写《开元大衍历经》，还续成《后魏书·天文志》。又与印度僧人善无畏、金刚智共同翻译《大日经》等数种密宗经卷，并撰有《大日经疏》20卷。后又回到长安。

开元十五年（727年）九月间，一行在长安华严寺，身患疾病。十月初，病情有所好转。这时，唐玄宗外出骊山巡幸，让一行随从，一行遵命，只好带病出发。当天到新丰（今陕西临潼新丰镇），病情恶化，晚上病逝（一说，死葬于天台山国清寺）。终年仅45岁。赐谥大慧禅师。

5 鉴真东渡传经

中日两国是一衣带水的邻邦，两国的友好关系有着悠久的历史。尤其是在唐代，两国的友好交往更为密切。日本派出遣唐使先后共十几次来中国留学深造，有的留在长安为官。唐代也有不少学者到日本去进行文化交流，其中最著名的是鉴真法师。

鉴真（688～763年），俗姓淳于，广陵江阳（今江苏扬州）人。天资聪明，从小对建筑、雕塑、医药都很感兴趣。其父是一位虔诚的佛教徒。他受父亲的影响，对佛教产生浓厚兴趣。14岁时，就在扬州大云寺（后改为法净寺）出家当和尚，学习佛法，法号鉴真。

唐中宗神龙元年（705年），鉴真18岁时，大云寺道岸律师（律宗大师）为他授了菩萨戒（即大乘戒，佛教戒律的一种）。景龙元年（707年）随道岸律师去长安。第二年三月，在长安实际侍从弘景律师具足戒。具足戒是僧侣的最高戒律，表示各种修行戒条均已十足具备之意。同时，表明受戒人的学问已达到高深程度，有讲授资格。鉴真已是当时佛教界的学问僧，为了钻研佛经，在国内进行宗教旅行。他先后去东都洛阳、西京长安求师访友。在长安禅定寺，听义威律师讲法砺律师的《四分律疏》（即《砺疏》），在西明寺听远智律师讲《律疏》，在观音寺听大亮律师再讲《砺疏》，并游览慈恩寺大、小雁塔。在洛阳授记寺再听讲《疏律》，并参观洛阳龙门石窟大小佛像和有关的刻造碑铭。他广泛地吸取了有关佛教建筑艺术、绘画雕塑、镌刻佛像和书法等各方面的知识。所以，在20岁时，鉴真开始登坛讲《律疏》。7年后，鉴真由长安回到故乡扬州，主持龙兴寺、大明寺工作。这时，他已是一个精通律学，兼具各方面知识的饱学高僧。到他45岁时，就成为名扬四方的授戒大师，由他授戒的门人达4万多人。

当时，日本受中国影响，大力提倡佛学，持统天皇年间（687~696年），日本各地寺庙多达545所。741年，日本仿中国做法，下诏各地设置僧尼两寺。742年，在首都奈良东大寺铸造高5丈、重500吨的金铜佛像。752年，即鉴真赴日前一年，日本东大寺举行"大佛开光"法会，表明日本对佛教十分重视。日本政府还决定派兴福寺的荣叡和大安寺的普照两位僧徒再到中国学习佛学，并聘请中国传戒高僧来日本传授戒律。

早在733年，荣叡、普照就曾随第九次日本遣唐使前来中国物色高僧。第二年他们到达东都洛阳，这一年唐玄宗正在洛阳。荣叡、普照被安置在洛阳大福先寺。737年唐玄宗返回长安，荣叡、普照也从洛阳来到长安。荣叡被安置在大安围寺，普照被安排在崇福寺。他们在学习佛学过程中，结识了不少中国僧徒，其中，有一位名叫道航，是鉴真的徒弟。因而他们得知鉴真是一位德高望重的高僧，并了解到鉴真有度人授戒数万人的丰富经验，是赴日传授戒律的理想人选。

天宝元年（742年），荣叡、普照来到扬州大明寺，拜谒鉴真大师，并说明来意。两位日本和尚说："佛法传到日本，虽初具规模，但还没有传法授戒的高僧，希望大和尚能够东渡弘法。"这种恳切陈情的态度，使鉴真感动。鉴真答道："听说日本王子崇敬佛法。在袈裟上绣有'山川异域，风月同天，寄诸佛子，共结来缘'四句，可见日本确是兴隆佛法的有缘之国。"他环顾在场的僧侣，询问谁愿意去日本弘扬佛法。当时在场僧徒，无人对答。旁边一个徒弟祥彦站起来回答说:"日本离中国路途遥远,中隔茫茫沧海,惊涛骇浪,旅途中生死难卜,所以不敢去。"鉴真又连声再问,均无人应命。这时,鉴真已55岁了,却已下定东渡的决心,便慨然开口说:"为了弘扬佛法,何惜生命!你们既然都不去,那我去东渡吧!"生徒们为师父的献身精神所感召,其弟子祥彦、道航等21人,纷纷表示愿意在师父的率领下一同前往,东渡赴日。这样,鉴真就开始了他东渡传法的壮举。

天宝二载(743年)三月,鉴真第一次出航。荣叡、普照带来当时宰相李林甫写给他在扬州的侄子广陵郡司仓参军李凑的信,要李凑为他们准备船只。到扬州后,得到了李凑的协助,准备了船只,并采办了粮食、药品等。当时,决定随同鉴真赴日的有他的弟子道航、澄观、德清、如海等,加上荣叡、普照等日本僧人共计20多人。正准备出发之际,浙东一带发生海盗事件,公私航行因此断绝,又因随行弟子中发生意气之争,如海向官府诬告,没收了船只,第一次东渡计划夭折了。

天宝二载(743年)十二月,第二次出航。这次买了一艘军船,从扬州起航,船行到明州(今宁波)狼沟浦,遇到恶风巨浪,船被击破,只好弃船上岸。过了一个月,船修好了,继续航行,在浙江海面又遇大风浪,船触礁破损,人船被搁浅在荒滩上,过了5天,才来了官船,把他们运回明州,安置在鄞县(鄞县)阿育王寺。第二次东渡也失败了。

天宝三载(744年),第三次出航。这一年春天,鉴真一行受聘到越州（今浙江绍兴）龙兴寺讲律授戒，随后应邀到杭州、湖州（今浙江吴兴）、宣州（今安徽宣城）讲律授戒。夏末，回到鄞县阿育王寺。是年秋，越州僧人知道鉴真在做东渡准备，归罪于日僧荣叡、普照，向官府要求逮捕二人。荣叡在杭州得病，后来报称亡故，才得脱难。第三次东渡计划又失败了。

　　天宝四载（745年），第四次出航。这次，鉴真派弟子先去福州购买船只和粮食。他自己率领徒众30余人到浙江天台山巡礼，参拜国清寺。鉴真带去日本的佛经中，以天台宗章疏最为完备，主要有《法华玄义》、《摩诃止观》、《四教义》、《小止观》、《六妙门》等。从天台山经临海、黄岩等地，取道沿海大路向永嘉郡（今浙江温州）进发。由于江东采访使下令拦阻，在黄岩禅林寺截住了全体人员，强行将他们解送回到扬州。这样，第四次东渡计划又失败了。

　　天宝七载（748年），第五次出航。这一年，荣叡、普照由同安郡（今安徽潜山）来到扬州崇福寺拜谒鉴真，筹划制船，备办粮食、药品等，做第五次东渡准备。这次同行的有祥彦、荣叡、普照和水手（18人）等共35人。他们由扬州新河上船，于六月二十七日起航。驶离舟山群岛，进入东海，遇到狂风恶浪。漂行半个多月，却漂流到了海南岛南部的振州（今海南崖城）。登陆后，被安置在振州大云寺，留居一年。第二年（749年），振州官员护送鉴真一行到万安州（今海南万宁县），经崖州（今海南琼州），渡琼州海峡，踏上雷州半岛。经辨州（今广东化州）、罗州（今广东廉江)、白州(今广西博白)、绣州(今广西陆川)、藤州(今广西藤县)、梧州(今广西苍梧),溯桂江、漓江,到达桂林。一年之后(750年),乘船沿桂江东行,经梧州到端州(今广东高要)。这时,荣叡在端州龙兴寺因病逝世,葬于高要鼎湖山。鉴真一行继续出发,抵达广州,在广州大云寺登坛授戒。然后,溯北江至韶州(今广东韶关)。在旅途中,鉴真得了眼疾,医治无效,双目失明。失明后,鉴真从韶州北上,由浈昌(今广东南雄),过大庾岭,沿章水到虔州(今江西赣州),又乘船过庐陵(今江西吉安)。这时,跟随他的忠实弟子祥彦因病逝世。这对于63岁的鉴真来说,是一个沉重的打击。鉴真一行,从庐陵沿赣江过南昌,经鄱阳湖到江州(今江西九江),登上庐山,在东林寺设坛授戒。再从江州乘船沿长江东下到江宁(今南京),遍游金陵著名丛林,然后去栖霞寺。过江又回到扬州。第五次东渡也未成功。

天宝十二载(753年),第六次出航。这一年十月十五日,日本第十次遣唐使藤原清河,副使吉备真备、大伴古麻吕和仕唐多年准备回国的晁衡(阿倍仲麻吕)来到扬州延光寺拜访鉴真,邀请他东渡。这时,鉴真已66岁高龄,而且双目失明,但他毫不退缩,欣然同意搭乘遣唐使船东渡。于是,鉴真一行于十月二十九日从扬州搭船赴苏州。这次随行弟子和工匠等共24人。带去的物品有如来、观音佛像八尊,舍利子、菩提子等佛具7种,华严经、天台寺章疏《法华玄义》等佛经84部300多卷,还有王羲之、王献之书法字帖3种。十一月十五日,日本遣唐使的4条船同时起航,鉴真登上了副使大伴古麻吕的第二船,踏上了第六次东渡航程。鉴真乘坐的第二船,在海上遭风暴,5天后,漂到冲绳岛。又过了近一个月,于十二月二十日下午抵达日本九州南部的秋妻屋浦(今鹿儿岛秋目浦)。二十六日至太宰府(今日本九州北部福冈东南)。鉴真经过12年的艰辛努力,终于登上日本九州岛,东渡成功了。

天宝十三载(754年)二月四日,鉴真一行来到日本首都奈良城,被迎进东大寺,受到日本各阶层人士的热烈欢迎,皇族、权贵、僧侣都来拜见。三月,日本朝廷派吉备真备以敕使身份来到东大寺,宣读天皇诏书,委以授戒传律的重任,"自今以后,授戒传律,一任和上"(和上即和尚,特指修道高深的师僧)。几天后,天皇下诏授鉴真"传灯大法师"的名号。

759年,鉴真及其弟子设计修建唐招提寺。落成后,天皇宣旨,凡出家人必到唐招提寺研习律学。此后,即在唐招提寺传律授戒,这里成为日本律宗的总本山,并开讲天台三大部经,天台宗也成为日本佛教重要宗派之一。

唐广德元年(763年)五月六日,鉴真在唐招提寺宿房,面西端坐圆寂(佛教对僧尼死亡之称),享年76岁。777年,鉴真逝世的消息传到扬州,当地各寺僧侣服丧3日,并聚集龙兴寺设大斋会追悼。

1980年,由鉴真弟子塑造的鉴真干漆坐像,从日本唐招提寺护送来中国,曾在扬州大明寺巡展一周,各地前来瞻仰者超过10万人。后还在北京展出。

鉴真在日本度过了整整10年，为中日两国的友谊和两国科技文化交流作出了杰出贡献。

6 李白行程万里诗千首

李白是中国的伟大诗人，有"诗仙"之称，又是"一生好入名山游"的大旅行家。

李白，字太白，生于长安元年（701年）。他的原籍，一说是陇西成纪（今甘肃天水），一说是中亚碎叶城（今中亚托克马克附近）。但他5岁时，确在四川彰明县（今江油县）青莲乡度过了他的童年。

他的父亲李客，由中亚碎叶城迁来四川，是一位商人。经营商业的家庭，为他的漫游提供了物质援助。他从5岁到20岁这段光景是在四川度过的。

李白在20岁以后，开始在四川境内漫游。四川山明水秀，自然风光优美。他在成都已游览过司马相如台和扬子云宅，云："朝忆相如台，夜梦子云宅。"又登上散花楼，赋诗："日照锦城头，朝光散花楼……今来一登望，如上九天游。"他对故乡景物十分恋念。

他登游峨嵋山，云："蜀国多仙山，峨嵋邈难匹。周流试登览，绝怪安可悉。"又云："峨嵋高出两极天，罗浮直与南溟连。"描绘出峨嵋山的巍峨雄姿，蜀中诸山难与匹敌。他望见秋月映入江中，写有《峨嵋山月歌》："峨嵋山月半轮秋，影入平羌（青衣江）江水流。夜发清溪向三峡，思君不见下渝州。"诗人从清溪乘舟去渝州（今重庆）的水路经过"三峡"。此处

"三峡"系指乐山县黎头、背峨、平羌三峡。望见峨嵋月，倍增思乡之情。

在故乡，他曾去过戴天山（今江油康山），访道士不遇。写诗一首："犬吠水声中，桃花带雨浓。树深时见鹿，溪午不闻钟。野竹分青霭，飞泉挂碧峰。无人知所去，愁倚两三松。"写出了幽美寂静的山林景色。

他自巴东舟行经瞿塘峡，登巫山最高峰。题壁诗："江行几千里，海月十五圆……"

蜀中的山川名胜，他几乎游遍了。正如他自己所说："巴国尽所历"，"历览幽意多"。

这种旅行生活使他饱览自然景色，并接触各地的社会生活，开阔了视野与胸襟。这与他的豪放诗歌风格的形成，有着密切关系。

大概在25岁（725年）左右，李白离开四川。他说："……大丈夫必有四方之志，乃杖剑去国，辞亲远游。"他从成都去重庆，乘船来三峡。登上三峡游览，写有《上三峡》诗："巫山夹青天，巴水流若兹……三朝上黄牛，三暮行太迟……"瞿塘峡、巫峡、西陵峡并称"三峡"，三峡相连，长700里，山势高峻，江流迂回。逆水行舟，船行数日，犹见黄牛山。诗人抒发了他的游趣与愁思。过三峡，顺流而东，来到湖北荆州（今江陵）。在途中，他写有《荆门浮舟望蜀江》诗："春水月峡（地在重庆）来，浮舟望安极。正是桃花流，依然锦江（今成都锦江）色……逶迤巴山尽，遥曳楚云行……江陵识遥火，应到清宫城。"（清宫在江陵，梁元帝即位于此）诗人依然留恋着巴山蜀水，仿佛这一江春水,是从四川流来的,犹存锦江景色。那连绵不断的巴山,似乎也来到楚地送行。可是,那远处望见的灯火,应该快到江陵。到了江陵,又写诗:"朝辞白帝彩云间,千里江陵一日还。两岸猿声啼不住,轻舟已过万重山。"他早晨辞别白帝城(今四川奉节),晚上就到了江陵。这江流之速,舟行之捷,有如行云御风,诗人显出喜悦之情。

从此,李白开始了他的长期旅行生活。他从江陵到随州,上餐霞楼与道士谈道。再去荆门,有《秋下荆门》诗:"霜落荆门江树空,布帆无恙挂秋风。"又到襄阳,写有《襄阳曲》和《襄阳歌》。后曾回忆:"昔为大堤(襄阳城外)客,曾上山公楼(晋时山简作襄阳太守时的遗迹),开窗碧嶂满,拂镜沧江流。"他对襄阳的名胜古迹,都尽情游览过了。

来到安陆,这里是司马相如《子虚赋》中所称的云梦泽所在地,"云楚有七泽,遂来观焉"。这时,他和曾在唐高宗时当过宰相的许国师的孙女结了婚,因而安家在安陆。他在安陆住的时间最长。他曾说:"酒隐安陆,蹉跎十年。"

李白去武汉,游黄鹤楼、鹦鹉洲。在这里认识了当时的大诗人孟浩然,他们有着深厚的友情,写有《黄鹤楼送孟浩然之广陵》诗:"故人西辞黄鹤楼,烟花三月下扬州。孤帆远影碧空尽,惟见长江天际流。"又写有《鹦鹉洲》:"鹦鹉来过吴江(指长江)水,江上洲传鹦鹉名。鹦鹉西飞陇山去,芳洲之树何青青!烟开兰叶香风暖,岸夹桃花锦浪生……"诗人赞美鹦鹦洲上的风景如画。那夹岸的桃花，那层层的锦浪，伴随着烟雾散开，兰叶飘香，花草芬芳，树木青翠，真令人陶醉在这江中洲上。

离武汉，南去泛游洞庭湖，诗："划却君山好，平铺湘水流。巴陵无限酒，醉杀洞庭秋。"又："帝子潇湘去不还，空余秋草洞庭间。淡扫明湖开玉镜，丹青画出是君山。"秋色轻拂着洞庭湖，湖水如同拂扫过的明镜一般，清澈澄净。君山上的秋色衬托着湖光山景，宛如画图。登上岳阳楼赋诗："楼观岳阳尽，川迥洞庭开……"登楼远望，西面洞庭，左顾君山，岳阳胜景，尽收眼底。再往南经过衡山，作诗："衡山苍苍入紫冥，下看南极老人星。迥飙吹散五峰雪，往往飞花落洞庭。"描绘了衡山祝融峰高耸云霄的形象。

又南穷苍梧，大概诗人南游止于苍梧，礼祀虞舜，游览"芒芒南土"、"岩岩九嶷"的风光。

回到安陆，再北上山西太原，诗："……五月相呼度太行，攧轮不道羊肠苦……"可见他是过羊肠，经太行山，来到太原。畅游了晋祠名胜地，诗："时时出向城西曲，晋祠流水如碧玉。浮舟弄水箫鼓鸣，微波龙鳞莎草绿。"后来回忆说："此时欢乐难再遇。"太原之行，是一次欢乐的旅游。

大概到了秋天，李白在《太原早秋》诗中云："……霜威出塞早，云色渡河秋……思归若汾水，无日不悠悠。"他离开了太原，东游齐鲁。在山东最常住的地方是任城（今济宁）和沙邱（今莱州）。据《旧唐书》，他的父亲曾为任城尉，因以此地为家。李白本人又在沙邱安了家。在《寄东鲁二稚子》诗中写道:"我家寄东鲁,谁种龟阴田?……楼东一株桃,枝叶拂青烟。此树我所种,别来向三年,桃今与楼齐,我行尚未旋。"他临走时种的桃树,别后3年,已经长到楼一般高,可见他在山东住的时间相当长。又:"我家寄在沙邱旁,三月不归空断肠。"可知沙邱是他常住之地。

这时,李白与孔巢父、韩准、裴政、张叔明、陶沔5人,隐居在泰山以南的徂徕山,常在一起饮酒酣歌。时人称之为"竹溪六逸"。

天宝元年(742年)四月,李白登游泰山与峄山。上泰山从中路沿着唐玄宗登山之路(御道)直上,感受到沿途的飞瀑流泉、松涛鸟鸣、奇峰异石等大自然美景,"凭崖览八极,目尽长空闲",仿佛步入了仙境。他夜宿岱顶,因遇"五云飞"的天气,未能观赏日出。写下《游泰山》六首。其一:"朝饮王母池,暝投天门阙。独抱绿绮琴,夜行青山间。山明月露白,夜静松风歇……明晨坐相失,但见五云飞。"其二:"四月上泰山,石屏御道开……飞流洒绝巘,水急松声哀……天门一长啸,万里清风来……旷然小宇宙,弃世何悠哉!"他在明静的月色中漫步于泰山之巅,欣赏着飞泉瀑布与翠色奇峰,感到登泰山而小宇宙,遐想着离开尘世而飘然若仙、悠然自得的生活,也流露出他对泰山的留恋之情。

离开山东,南下漫游江苏、安徽、浙江等地。到浙江会稽山,探禹穴。与道士共居剡中,"自爱名山入剡中"。游览天姥山、天台山等名胜地。写诗:"会稽风月好,却递剡溪回。云山海上出,人物镜中来。"浙江的山水风光,得到了诗人的赞赏。

到金陵(今南京),登上凤凰台,写诗:"凤凰台上凤凰游,凤去台空江自流。吴宫花草埋幽径,晋代衣冠成古丘。三山半落青天外,二水中分白鹭洲。总为浮云能蔽日,长安不见使人愁。"他身在金陵,而心系长安,忧国之思甚于乡土之念。

李白到安徽宣城,登上敬亭山,写《独坐敬亭山》诗:"众鸟南飞尽,孤云独去闲。相看两不厌,只有敬亭山。"人上山,鸟飞去,云也散开,在幽静的环境里,诗人独坐良久,流连于敬亭山的山水之间。

他还曾登上黄山与九华山,写诗:"……送君登黄山,长啸倚天梯……"又:"昔在九江上,遥望九华峰。天河挂绿水,秀出九芙蓉。"

这时,李白的家已迁至安徽南陵。与此同时,他接到唐玄宗的3次征召,召他进京。他高兴地写下了《南陵别儿童入京》和《别内赴征》诗。临行时,他"仰天大笑出门去"。"出门妻子强牵衣。问我西行几日归?"话别之后,他便"著鞭跨马涉远道",直奔长安。

在长安,曾游杜陵原,写《杜陵绝句》诗:"南登杜陵原,北望五陵间。秋水明落日,流光灭远山。"这把杜陵原的风光尽收眼底,给人以无限想象。他也随从唐玄宗与杨贵妃f去骊山温泉宫行乐。写有《宫中行乐词》8首,歌咏宫廷享乐生活。

有一次,玄宗与杨太真妃在长安兴庆宫沉香亭观赏牡丹花。玄宗命李龟年领着梨园弟子歌唱,李白作新词。李白立进《清平调》3首。其中有"……可怜飞燕倚新妆""……沉香亭北倚阑干"的诗句。

在长安，李白也过着"入侍强池宴，出陪玉辇行"的生活。虽然只住了3年，但已感到"徬徨庭阙下，叹息光阴逝"。他要离开长安了。

在关中，登华山，写下《西岳云台歌送丹丘子》诗："西岳峥嵘何壮哉，黄河如丝天际来……"赞美华岳奇峰峭拔。又去邠县、岐山，登上秦岭主峰太白峰。写《登太白峰》诗："西上太白峰，夕阳穷登攀。太白与我语，为我开天关。愿乘泠风去，直出浮云间。举手可近月，前行若无山。一别武功去，何时复更还？"描写太白峰高可近月，耸入天际的雄姿，也留下了依恋之情。

离开长安，李白开始第二次漫游生活。这期间，他以梁园（今开封）为漫游中心，"一朝去京国，十载客梁园"。东去山东，北上河北、山西，南游江南。

在北方，"醉舞梁园夜，行歌泗水春"。常往来于开封与单县（今山东单县）之间。东去蓬丘（今蓬莱）采药，登上蓬莱山，"极目四海"。又曾去齐州（今济南）紫极宫求道。

西去洛阳，遇见大诗人杜甫，这两颗文坛巨星的晤聚，是中国文学史上的佳话。

他似曾北上幽州（今北京一带），有"十月到幽州"的诗句。又有题为《出自蓟北门行》的诗。还有"燕山雪花大如席，片片吹落轩辕台"的诗句。看来，似曾踏雪登上过燕山。

李白再次南下漫游，先到扬州，渡长江，去金陵，常去秦淮河畔酒楼赏月，或泛舟于秦淮河上。写《金陵酒肆留别》诗："风吹柳花满店香，吴姬压酒劝客尝。……"春色宜人畅饮佳酿，诗人于离绪中亦充满着乐观。

至德元年（756年）六月，李白来到浔阳（今江西九江），登上庐山，对庐山景色大加赞叹。认为庐山的俊伟诡特，真天下之奇观。尤其对五老峰的"险峭奇胜"、瀑布的"天落腾虹"最为欣赏。写下著名的《望庐山瀑布》诗："日照香炉生紫烟，遥看瀑布挂前川。飞流直下三千尺，疑是银河落九天。"又《望五老峰》诗："庐山东南五老峰，青天削出金芙蓉。九江秀色可揽结，吾将此地巢云松。"于是，他选择庐山五老峰旁的屏风叠，筑庐隐居，至今此地仍留有"太白草堂"遗址。

天宝十四载（755年），"安史之乱"爆发后，他参加永王璘幕府，后因肃宗诛灭永王璘，李白受牵连入狱，流放夜郎（今贵州桐梓一带），中途遇赦。今贵州夜郎墉镇尚留有李白遗迹，如太白亭、太白故居等。

李白获释后，往来于宣城、溧阳等地。当时，他已患脓胸症。他流浪到安徽当涂，住在族叔李阳冰家里。写有《横江词》6首、《望天门山》诗。他病倒了，写下最后的《临终歌》。唐肃宗宝应元年（762年），李白病逝，终于62岁，葬于当涂采石青山西麓。传说李白是醉后捞月而死。至今当涂采石矶仍建有太白楼，并建有"捉月台"，以纪念这位伟大的诗人。

7 杜甫读万卷书，行万里路

杜甫是中国历史上的伟大诗人，他与李白齐名，有"诗圣"之称。同时，杜甫也是一位大旅行家。

杜甫（712～770年），字子美，祖籍襄阳（一说京兆杜陵，今西安）。出生于河南巩县瑶湾。曾做过节度参谋检校工部员外郎，故称杜工部。

杜甫小时多病，6岁时，随家人寄居郾城。有一次他在街上看到公孙大娘的"剑器浑脱舞"，给他留下难忘的印象。7岁时始学诗，一开头就作了一首咏凤凰的诗，可惜未流传下来。9岁时，学写大字，临摹虞世南书法。他在《壮游》诗中说："七龄思即壮，开口咏凤凰。九龄书大字，有作成一囊。"他幼年大部分时间是在洛阳度过的。15岁时，已经开始与洛阳一些文人名士往来。

杜甫年轻时，也和李白一样，漫游祖国的名山大川。从20岁（731年）至29岁（740年）的10年间，他曾进行过两次长时间漫游。

在"弱冠之年"，他开始第一次漫游。从洛阳经过淮阴，到扬州，渡过长江，来到江南。当时，他的叔父杜登是武康（今浙江湖州）县尉，姑父贺㧑任常熟县尉。这些亲属与他南游有着一定关系。他在姑苏（今苏州），凭吊了吴王阖闾坟墓，游览了虎丘、剑池。到长洲苑，观看盛开的荷花。走出阊门，拜谒太伯庙。渡过钱塘江，登上西陵（今萧山县西）古驿台。在会稽寻索秦始皇的行踪。他还乘船游览了临鉴湖。游曹娥江上游的剡溪时，船停泊在天姥山下，于是，他又游历了天姥山和天台山。杜甫还去江宁（今南京），观赏了瓦棺寺内顾恺之的"维摩壁画"。他在江南漫游，达三四年之久。

开元二十三年（735年），因要参加进士考试，杜甫回到巩县故乡。这一年唐玄宗住在洛阳，所以，进士考试在洛阳举行。在洛阳，杜甫游览了龙门奉先寺。但他考试却落第了，不久，便开始了他的第二次漫游。杜甫的第二次漫游是漫游于齐赵之间。"放荡齐赵间，裘马颇清狂"（《壮游》）。齐赵之间，即今山东与河北之间。他往北，到邯郸，在丛台上歌唱。往东，在青州（今山东半岛）西边的青丘游猎。因他父亲曾在兖州任职，所以，他能饱览齐鲁之邦的名胜古迹。游峄山，登上泰山，写有《望岳》名诗："岱宗夫如何，齐鲁青未了。……会当凌绝顶，一览众山小。"他站立在泰山顶日观峰上，极目远望，纵览云飞美景。后来，又与李白、高适两次在泰山相会，共叙友情，切磋学识，陶醉在这挺拔多姿、雄伟壮丽的泰山自然景色之中。"诗以山丽，山以诗传"，确为泰山增添了高雅名士风采。

开元二十九年（741年），杜甫从山东回到洛阳，在偃师首阳山下尸乡亭附近建筑了几间窑洞作为住所。这就是他常常怀念的"尸乡土宝"和"土娄庄"，又称"陆浑山庄"。这一带地方有他远祖晋代名将杜预与他祖父杜审言的坟墓。杜甫住在首阳山下，望着远祖杜预的墓，想起远祖多才多能的一生，引起他的景慕。他曾写过一篇《祭远祖当阳君文》，颂扬远祖的武功和智慧，表示住在这里是"不敢忘本，不敢违仁"。

这时，杜甫在洛阳与李白相会，并约定一起到梁州（今开封）、宋州（今商丘）一带去。随即又和李白渡黄河，到王屋山（河南济原西北与太行山相接）道教圣地的山上"小有清虚洞天"，去拜访一位道士。道士已死去，他们凄然而回。又去宋州和单父（今山东单县）之间的孟诸泽。他们在这里呼鹰逐兔，过了一番游猎生活。

天宝四载（745年），杜甫来到山东，去临沂看望其弟杜颖。经过济南时，北海太守李邕在历下亭设宴，杜甫即席赋诗《答李北海宴历下亭》，其中有"海右此亭古，济南名士多"的诗句。再去兖州时，李白也回到兖州，他们便一起走入东蒙山访问道士。不久，杜甫要回长安，李白也要重游江东，二人在兖州城东的石门分手。临别时，李白送杜甫诗一首："醉别复几月？登临遍池台。何时石门路，重有金樽开？秋波落泗水，海色明徂徕（山名）。飞蓬各自远，且尽手中杯。"这两位大诗人也就从此永远分手了。

天宝五载（746年），杜甫35岁，到了长安。他父亲杜闲由兖州司马改任奉天（今陕西乾县）县令，不久，在任内病逝。杜甫的生活日益穷困，只得在长安一带流浪。在《奉赠韦左丞丈二十二韵》诗中说："朝扣富儿门，暮随肥马尘。残杯与冷炙，到处潜悲辛。"他的心情是很悲愤的。这期间,他也回过洛阳一次,参谒洛阳城北的太极宫,欣赏吴道子宫壁画"五圣图"。又回长安,结交了高适、岑参、郑虔 3 位朋友,慰解了他的愁苦,也丰富了他的生活。他们也常聚合在一起,共同登上慈恩寺塔,每人写诗一首,杜诗中有"自非旷士怀,登兹翻百忧"的诗句。站在高处,南望秦岭,云雾茫茫;北望泾渭,清浊难分。这山川的无言已蕴涵着时代的隐忧。

杜甫曾游华山,登上主峰,超然于众山之上,为诗赞曰:"西岳峻嶒竦处尊,诸峰罗立似儿孙。"华山耸峙关中,昂首天外,显示了雄伟的气魄。

他又漫步在渭水咸阳桥上,亲见士兵过桥开往边疆时的情景,又听到士兵悲凉的谈话,他的心情也陷于痛苦之中,写出了《兵车行》诗:"君不闻汉家山东二百州,千村万落生荆杞。纵有健妇把锄犁,禾生陇亩无东西……君不见青海头,古来白骨无人收。新鬼烦冤旧鬼哭,天阴雨湿声啾啾。"他还写有《前出塞》诗 9 首。

这时,唐玄宗与杨贵妃及其杨氏姐妹,每年春天,从南内兴庆宫穿过夹城去游曲江芙蓉苑。冬季,则去骊山华清宫沐浴温泉,还享受斗鸡、舞马、抛球、歌舞等宫中乐事。这其中,隐藏着多少劳苦人民的血泪。杜甫为此写出了《丽人行》,对他们的淫乐生活表示强烈不满。长安是诗人从旅游到定居之地。韦曲、杜曲、杜陵、少陵、曲江、丈八沟等处,都留下他的足迹。游韦曲,写下《奉陪郑驸马韦曲》诗:"野寺垂杨里,春畦乱水间。美花多映竹,好鸟不归山……"描绘出韦曲的美好春色。在韦曲与杜曲之间的双竹村,建有杜公祠。此处环境幽雅,风景宜人,荷塘月色,流水潺潺,鸟飞鱼跃,别具诗意。又作诗"寸步曲江头","贫居类村坞,僻近城南楼"等,此时杜甫已选定杜陵、少陵一带来定居,自称"少陵野老"、"杜陵野客"、"杜陵布衣"。

杜甫由于收入微薄,一家数口,负担很重,加上长安物价暴涨,在这种情况下,他把妻子送往奉先(今陕西蒲城)寄居。从此,他常往来于长安、奉先之间。

天宝十四载(755年)十一月,杜甫从长安回奉先探家,路过骊山,亲眼见到满山的蒸气,听到传出的歌声、乐声。此时此刻,他的心情感慨万千,写下了著名的长诗《自京赴奉先县咏怀五百字》,道出了千古名句:"朱门酒肉臭,路有冻死骨。"也许他已预感到骊山这般"盛世"不能再继续下去了,大变乱的局面即将来临。

同年,安禄山于范阳(今天津蓟县)起兵,自称大燕皇帝。唐朝也就从此结束了它的盛世,走进多难的年代。杜甫就在长安沦陷前离开了京城,在局势变乱中,开始了他的流亡生活。

至德元年(756年)五月,杜甫从奉先率领家人到了白水,再把家安置在鄜(音 fū)州(今富县)城北的羌村。他得知唐玄宗、杨贵妃出走西蜀(今四川),中经马嵬坡事变,太子李亨(肃宗)即位灵武,便只身北上延州（今延安），想走出芦子关（今陕西横山），投奔灵武，不料中途被胡人捉住，送往沦陷的长安。这时杜甫45岁，满头白发，已是一个未老先衰的诗人。他困居长安，写出了《哀王孙》、《悲陈陶》等诗。他时时悬念鄜州家小，写下了《月夜》："今夜鄜州月，闺中只独看。遥怜小儿女，未解忆长安。"他看到祖国山河破碎的景象，写下感人肺腑的《春望》诗："国破山河在，城春草木深。感时花溅泪，恨别鸟惊心。烽火连三月，家书抵万金。白头搔更短，浑欲不胜簪。"反映了他的悲愤心情。

他曾潜行曲江。那江头的宫殿宫门紧闭，昔日的繁华，变成了眼前的萧条。见此情景，杜甫不觉热泪横流，写有《哀江头》诗："少陵野老吞声哭，春日潜行曲江曲。江头宫殿锁千门，细柳新蒲为谁绿……"

肃宗乾元元年（758年），杜甫回到战乱后的洛阳。不久，回到华州（今陕西华县）任所，一路上，经新安、石壕（今河南陕县东）、潼关，到处呈现着紊乱的局面。他把自己的所见所闻，写成《新安吏》、《石壕吏》、《潼关吏》、《新婚别》、《垂老别》、《无家别》6首诗，反映了老百姓现实生活的真实情况。诗的内容是十分宝贵的历史资料。

那时，他的从侄杜佐在秦州（今甘肃天水）东柯谷盖了几间草屋，杜甫把家迁到秦州，并写有《秦州杂诗》。4个月后，因衣食不能自给，又赴同谷（今甘肃成县）。1个月后，启程赴蜀，途经凤凰山，写下《凤凰台》诗："……再光中兴业，一先苍生忧……"

诗中寄托了他济世的期望。渡过水会渡（嘉陵江上游渡口），写下《水会渡》诗："……回眺积水外，始知众星乾……"诗人在舟中觉得水天相接，群星如在江中。登岸回眺，始知众星乃在天上。走过飞仙阁的云栈，到了绵谷（今四川广元），经历艰险的路程，岁暮，到达成都，住在西郊浣花溪寺里。不久，在溪畔的荒地上，营建草堂。杜诗有"浣花溪水水西头"，又有"万里桥西宅，百花潭北庄"，"结庐锦水边"。可见，草堂是建在锦江岸边，浣花溪西头的。在这个时期杜甫写了不少歌咏大自然的诗："杨柳枝枝弱，枇杷对对香。""细雨鱼儿出，微风燕子斜。""随风潜入夜，润物细无声。""云掩初弦月，香传小树花。"他陶醉在自然景色中。为人所传诵的《茅屋为秋风所破歌》，就写于此时此地。如今，在草堂遗址上建有杜工部祠，以纪念这位伟大的诗人。祠院内有翠竹、红梅、荷池、花径、曲桥、溪流，环境十分幽静。杜甫在成都住了3年零9个月，曾游武侯祠。写《蜀相》诗："丞相祠堂何处寻？锦宫城外柏森森。映阶碧草自春色，隔叶黄鹂空好音。"不禁使人发思古之幽情，怀良相之善谋。他在成都共作诗247首。由于西川节度使严武病逝，杜甫失去凭依，于是离开了成都。

代宗广德二年（764年），杜甫由成都经梓州（今三台）、阆州（今阆中），沿阆水（今嘉陵江）到渝州（今重庆），作《阆山歌》和《阆水歌》。他写嘉陵江："嘉陵江色何所似？石黛碧玉相因依。"江水兼有黛（石墨、青黑色）碧二色，别具风采。阆州城三面临江,山水秀美。

杜甫从渝州乘舟沿江东去,经忠州(今忠县),到云安(今云阳)养病。晚春时他迁往夔州(今奉节),住了3个年头,得到都督的照顾,生活安定。三峡壮丽的山川胜景,给他留下深刻的印象。写下了《白帝》、《秋兴八首》、《登高》诗,抒写了"无边落木萧萧下,不尽长江滚滚来"的悲壮心情。这时,他已是体弱多病的56岁老人。因夔州气候对他不适,朋友稀少,不想久住,于是他决定启程。

大历三年(768年)正月,杜甫从白帝城乘船,出瞿塘峡,经巫峡、西陵峡。在舟中,写了四十韵排律诗。到了荆州(今湖北江陵),身体更为衰老,耳聋了,右臂偏枯了,又受到幕府中官僚的冷遇。他迁居公安县。又乘船去岳州(今湖南岳阳)。还曾去汨罗江凭吊屈原。又登上岳阳楼,泛游洞庭湖。写下《登岳阳楼》诗:"昔闻洞庭水,今上岳阳楼。吴楚东南坼,乾坤日夜浮。亲朋无一字,老病有孤舟。戎马关山北,凭轩涕泗流。"抒发了诗人飘零孤苦之感。又写了《岁晏行》诗。再到潭州(今长沙),去衡州(今衡阳)。在潭州,与李龟年相逢,写有《江南逢李龟年》诗。

在衡州,杜甫没有找到一个安身之地,船又成了他的家。这一叶小舟在湘江上漂浮着。由于长期的水上生活,他的风痹病加剧,病倒在船上,写下了《风疾舟中伏枕书怀》诗,这是他最后的一篇作品。不久,这位伟大的诗人就在湘江旅途的舟中病逝了(一说死于吃了坏牛肉,又喝了过量的酒)。这时是大历五年

(770年)的冬天,杜甫终年59岁。灵柩寄厝在岳州。43年后,到元和八年(813年),由他的孙子杜嗣业从岳州搬运到偃师,移葬于首阳山下。如今,在他的故乡巩义市区内耸立着杜甫塑像,以纪念这位忧国忧民的伟大诗人。

8 白居易漫游江南

白居易是我国历史上一位伟大的诗人,也是唐代三大诗人(李白、杜甫、白居易)之一。他漫游江南,寄情山水,"自为江上客,半在山中住",所以又可称为是一位大旅行家。

白居易,字乐天,晚号香山居士、醉咏先生。祖籍山西太原,唐大历七年(772年)生于下邽(今陕西渭南),自称"关中男子"。

早年,白居易家境清贫,他曾说:"家贫忧后事,日短念前程。"12岁时,离开荥阳,到他父亲的官舍所在地彭城(今徐州市)。后又去江浙以及浮梁(今江西景德镇)一带漂游,"关河千里别,风雪一身行"。他对江南山河的壮丽景色,寄予了无限深情。

他在28岁时,参加宣州(今安徽宣城)选拔考试,第二年到京城长安参加进士考试。及第后,便被派做校书郎。

他从小刻苦学习。五六岁时,开始学诗。9岁能懂些声韵。十五六岁时,便写下了"离离原上草,一岁一枯荣。野火烧不尽,春风吹又生"的有名诗句。

贞元十九年（803年），他32岁，参加朝廷拔萃考试，入甲等，任秘书校书郎，并在长安住下来。他经常到长安名胜繁华之地漫游，感到"终夜清景前，笑歌不知疲"，从而发出了"帝都名利场，鸡鸣无安居"，"营营各何求，无非利与名"的叹息。也常约友朋去长安城郊四处，如景色优美的曲江，"风流泽薮"的平康里以及骊山等处游历，产生了"春深官又满，日有归山情"的念头。

元和元年（806年），经过对策考试，白居易被派任盩厔（今陕西周至）尉。这时，他已35岁。有一次，在与友人同游仙游寺之后，他写下了著名的长诗——《长恨歌》。在长安期间，又写出了《秦中吟》、《新乐府》、《观刈麦》、《杜陵叟》、《新丰折臂翁》、《卖炭翁》等100多篇不朽诗作。

元和十年（815年）秋，白居易被贬为江州（今江西九江）司马。他离开长安，出蓝田，过秦岭，再到襄阳旧居，乘船沿汉水直达江夏（今武汉），顺长江而下，到达江州。

在江州，白居易游览各地风景名胜。第二年秋，开始上庐山。他常邀集在庐山隐居的文人学士和高僧长老结伴游览，饮酒赋诗，流连山水，陶醉在自然景色中。并专程去柴桑栗里一游，瞻仰陶渊明故居和遗迹，写下了《访陶公旧宅》诗，对陶公表露了崇敬之心。

他在庐山东林寺附近的香炉峰下选定了一处地方，兴建了一座"三门两柱，二室四牖"的草堂，打算终老于此清泉白石之间。元和十二年（817年），白居易迁入草堂，撰写了《庐山草堂记》一文，"匡庐奇秀甲天下"，他十分赞赏庐山的奇秀山川美景。

庐山乐天草堂，又称白公草堂。他对草堂一往情深，但在他离开后，草堂逐渐荒凉。庐山北麓香炉峰下的白家池，是他开凿用来养鱼种荷的池塘。白居易曾作诗："红鲤二三寸，白莲八九枝。绕水欲成径，护堤方插篱。已被山中客，呼作白家池。"这是他在庐山留下的唯一一处遗迹。

他曾游石门涧，写诗："……独有秋涧声，缓缓空旦久。"此涧在庐山西，悬崖对峙，双石之间，瀑布飞溅。

庐山云顶峰大林寺观赏桃花的地方，称为"白司马花径"。白居易留有"人间四月芳菲尽，山寺桃花始盛开"（·《大林寺桃花》）的诗句。他还泛舟游览鄱阳湖，这湖光山色使他暂时忘却了颠沛流离的遭遇。

元和十一年（816年）秋，当明月初升的时刻，他来到浔阳江边送客，在客船的酒席上，正当举杯饯别时，忽听到江上传来弹奏琵琶的乐声，而且弹得婉转动听。经打听，得知原是长安的一个歌伎，今已嫁作商人妇，在江湖上漂泊，引起了诗人的无限同情。"同为天涯沦落人"，他写下了《琵琶行》这首著名诗篇。浔阳江畔曾修建有琵琶亭，至今只留下一块亭碑。

元和十四年（819年）白居易奉命离开江州，改调忠州（今四川忠县）刺史。唐代忠州，"市井萧疏只抵村"，是一座荒凉的山城。住了一年多，白居易受命

四 隋唐时期（581～907年）旅行概说

离开忠州,回到长安。路过商山,他很有感慨地说:"万里路长在,六年身始归。所经多旧馆,大半主人非。"的确,世上事物都会有所改变,大概他也在考虑这个问题。当时,"天子荒纵不法,执政非其人,制御非方,河朔复乱",而他"累上疏言其事"都未被采纳。同时,朋党互相倾轧。在这种环境下,他仍采取"不妨朝市隐"的态度,"唯以逍遥自得,吟咏情情为事"。

长庆二年(822年),朝廷派任他为杭州刺史。这时,他从长安启程,取襄汉路赴任。旅途中写了一首《暮江吟》:"一道残阳铺水中,半江瑟瑟半江红。谁怜九月初三夜,露似珍珠月似弓。"十月,他来到了这座"绕郭荷花三十里,拂城松树一千株"的杭州。进入"湖上春来似画图"的环境中,过着"吟山歌水嘲风月"的悠闲生活。

但他在杭州任内,为人民做了许多好事,是有政绩的。到杭州的第二年,疏浚6口水井,整修井壁,使井水充足。次年,又增筑钱塘湖堤,为的是调节湖水,预防干旱。竣工后,写了一篇《钱塘湖石记》,将管理湖水的办法刻在石上。他在杭州3年的时间内,写下了歌咏西湖的著名诗篇,这些作品与兴修水利工程的功绩同属不朽之作。

他在公务之余,经常外出观赏杭州自然美景,游览西湖,写有《春题湖上》、《钱塘湖春行》诗。《钱塘湖春行》诗中说:"……最爱湖东行不足,绿杨阴里白沙堤。"诗人最欣赏的是湖东一带的秀丽景色,总觉得游不够。尤其是在杨柳绿荫掩映下的白沙堤，更令人流连忘返。这条白沙堤，从孤山直向断桥，是诗人最爱漫步游览的地方。他在《夜归》诗中写道："万株松树青山上，十里沙堤月明中。"有时他在沙堤上作月明中的夜游。这条白沙堤，后人为了纪念白居易，乃改称白堤。

他又漫游钱塘江，观赏江上潮水，写下《潮》这首名诗，描述了潮水涨落的自然规律，抒发了对人生与朝政的无限感慨。他还游览了灵隐寺、清涟寺等名胜古迹。清涟寺院内有玉泉，他写下了"湛湛玉泉色悠悠"的赞美诗。

当他离开杭州时，杭州人民提着酒，流着泪，前来送别。他写有《西湖留别》诗："征途行色惨风烟，祖帐离声咽管弦。翠黛不须留五马，皇恩只许住三年。……处处回头尽堪恋，就中难别是湖边。"又写下《别州民》诗："耆老遮归路，壶浆满别筵。甘棠无一树，那得泪潸然。税重多贫户，农饥足旱田。唯留一湖水，与汝救凶年。"

宝历元年（825年），白居易被派任苏州刺史。到任后的第二年，他修筑了通往虎丘的十里山塘的道路。写下《虎丘寺路》诗："自开山寺路，水陆往来频。银勒牵骄马，花船载丽人。菱荷生欲遍，桃李种仍新。好住河堤上，长留一道春。"白居易游览了虎丘、灵岩山、天平山。被称为"吴中第一山"的灵岩山，留有白居易遗迹"乐天楼"。在天平山的半山有"吴中第一泉"白云泉。泉边石壁上刻有白居易一首题诗："天平山上白云泉，云自无心水自闲。何必奔冲山下去，更添波浪向人间。"

当他离开苏州时，苏州人民依依不舍。他写诗："青紫行将吏，班白列群氓。一时临水拜，十里随舟行。饯筵犹未收，征棹不可停。稍隔烟树色，尚闻丝竹声。"

太和元年（827年），白居易回长安任秘书监。第二年改任刑部侍郎。但他仍心系杭州，写下名作《忆江南》词，表达了他对杭州与西湖的深切怀念。

江南好，风景旧曾谙。日出江花红胜火，春来江水绿如蓝，能不忆江南！

江南忆，最忆是杭州。山寺月中寻桂子，郡亭枕上看潮头，何日更重游？

开成元年（836年），白居易改任太子少傅，进封冯翊县侯。

会昌二年（842年），他退居洛阳，常在香山寺游览，自号香山居士。会昌四年（844年），他73岁时，曾主持开凿洛阳龙山潭的八节滩和九峭石，便利了交通。竣工后，写诗两首，刻石留念。其中一首诗："七十三翁旦暮身，誓开险路作通津。夜舟过此无倾覆，朝胫从今免苦辛。十年叱滩变河汉，八寒阴狱化阳春。我身虽殁心长在，暗施慈悲与后人。"

会昌六年（846年）八月，白居易75岁病逝于洛阳履道里家中，葬于洛阳伊阙东岸香山。

9 柳宗元钟情山水

柳宗元是中国唐代中后期的一位大文学家。他于山水，别有会心，别具深情。他写的山水诗，寓哀怨于写景之中，写的山水游记，清新而寓抒情意境。可说是一位山水游记大师。

柳宗元，字子厚，祖籍河东（今山西永济）。唐代宗大历八年（773年）出生于长安一个中小官僚家庭。12岁时，他跟随父亲从黄河流域越过淮河，到达长江流域夏口（今武汉）。又去过大江以南的江西、长沙等地。21岁时（793年）考中进士，但迟迟未被任用，他就到邠州（今陕西邠县）游览，并居住了两年。

永贞元年（805年），柳宗元33岁时，在长安参加了"永贞革新"活动，失败后，被贬为邵州（今湖南邵阳）刺史。行至中途，又改贬为永州（今湖南零陵）司马。是年冬，柳宗元从长安出发，跋山涉水来到湖南永州。官署没有他的住处，他只好住在永州龙兴寺西厢房。他以顽强的精神，在永州度过了整整10年。

龙兴寺，在地势较高的东山上，西面山下正临湘江。"江之外，山谷林麓甚众"，"以临群木之杪，无不瞩焉"。由于门户向北，室内黑暗，他特地在居住的西厢房的西墙上开了一个旁门，名为"西轩"。他经常在这里远眺山林原野，以舒胸怀。并专门为此写了一篇《永州龙兴寺西轩记》，刻在门外石头上，以志纪念。

柳宗元从长安赴永州途中，经长沙，曾到屈原投水自尽的汨罗江去凭吊，他触景生情，不禁泪下，以沉痛的心情，写下了《吊屈原文》，颂扬了屈原的献身精神。

在永州，柳宗元经常喜欢外出郊游。这里的山山水水，都有着他的足迹。"日与其徒上高山，入深林，穷回溪，幽泉怪石，无远不到。"一座小山，一泓潭水，都能引起他写诗作文的兴致。他写出的《永州八记》，每篇游记都可说是一幅山水画图。也可以说，自郦道元《水经注》之后，《永州八记》可算是中国山水文学中最杰出的篇章。

后来，他择居于溪边。这条小溪，源远流长，是从"钴鉧潭西小丘"下流来的清澈之水。它弯曲地绕过"西山"脚。柳宗元极爱这条小溪，"愿卜湘西冉溪地"。据他写的《愚溪诗序》说，此溪原名"冉溪"，又名"染溪"。他谪居于此，遂自嘲而改名曰"愚溪"。在愚溪入湘江之处，建有"愚溪桥"。愚溪桥是两孔石桥，据说，每年农历八月十五月圆时，两孔的倒影会变为三孔，永州各地游人都赶来观看这一奇景。"愚溪"地境，迂回曲折，自有天然的"曲水回廊"之韵。溪边两岸倒垂着翠绿的竹丛，小舟划于溪水上，真是进入幽静之境。在"愚溪"的右边，建有"柳子庙"，后人认为此处是柳宗元当年的故居所在处。据报道，庙的正门上方悬一横匾，题曰："山水绿"。柳宗元有一首《渔翁》诗："渔翁夜傍西岸宿，晓汲清湘燃楚竹。烟销日出不见人，欸乃一声山水绿。回看天际下中流,岸上无心云相逐。"这"山水绿"一词,就是从这首诗中择出的。当年的柳宗元确也是钟情于青山绿水之间。

元和四年(809年)秋,柳宗元游览永州法华寺。登上西山,那一望无际的青天,一派缭绕的浮云,展现在眼前,他只觉得"悠悠乎与颢气俱而莫得其涯,洋洋乎与造物者游而不知其所穷"。这时他的心境已与大自然相融,归而写下《永州八记》中的第一篇《始得西山宴游记》。继而又再次游览西山,探寻到多处奇美景观。"过湘江,缘染溪"而上,即可到"西山"脚下。"西山"是这里最高的山。登此山而放眼瞭望,"则数州之土壤,皆在衽席之下"。沿着曲折的"愚溪"而上,不很远,就可到清新秀丽的"钴鉧潭"。由西山到钴鉧潭这一段"愚溪"的溪水,清莹丰满。其水势迂回曲折,两岸竹丛芦苇茂盛,真是一处秀丽的山水胜境。著名的"钴鉧潭",是小山环抱的一个池塘。此处山环水绕,烟云弥漫,环境确实幽静。柳子称赞此地,当系被谪后的幽怨心情正适合此处幽静的环境。还有那当年奇石迭出的"西小丘",以及小丘西的清冽幽邃的小石潭。柳宗元为此写成《永州八记》中的第二、三、四记:《钴鉧潭记》、《钴鉧潭西小丘记》和《至小丘西小石潭记》。

元和七年(812年),柳宗元又游览了永州南郊的袁家渴、石渠、石涧及西北郊的小石城山。写成《永州八记》中的后四记:《袁家渴记》、《石渠记》、《石涧记》和《小石城山记》。

永州优美的山水风光，虽使他钟情，但没有使他因留恋水光山色而意志消沉。他写有著名的《江雪》诗："千山鸟飞绝，万径人踪灭。孤舟蓑笠翁，独钓寒江雪。"这首诗是借独钓寒江的渔翁以表露自己的情怀，写出了他身处逆境而仍顽强不屈的战斗精神。

他在永州，游览全境，访察民情，对劳动人民的苦难生活有了一定的了解，写有《田家三首》，反映了农民在横征暴敛下，终年劳累，却不得温饱的苦状。他还写有《捕蛇者说》一文。通过捕蛇人的诉说，揭露了当时腐败统治阶级的重赋苦役比毒蛇还要凶毒。

元和十二年（817年），朝廷命他回长安，柳宗元接诏后，十分欣喜。当他途中又经过汨罗江时，百感交集，作诗一首《汨罗遇风》："南来不做楚臣（指屈原）悲，重入修门（指长安）自有期。为报春风汨罗道，莫将波浪枉明时。"表达了他当时既激动又有疑虑的心情。当他千里迢迢回到长安后，朝廷把他贬到比永州更远的柳州（今广西柳州市）做刺史。

元和十年（815年）三月，他与被贬为连州（今广东连县）刺史的刘禹锡一同踏上去岭南的行程。到了湖南衡阳，两人分手，情深依依，写下《衡阳与梦得分路赠别》诗："十年憔悴到秦京，谁料翻为岭外行。……今朝不用临河别，垂泪千行便濯缨。"他俩就在"垂泪千行"中告别。刘禹锡从陆路赴连州，柳宗元仍乘船去柳州。

柳宗元乘船3个月才到柳州。他登上柳州城楼远望，写诗一首《登柳州城楼寄漳、汀、封、连四州》：

"城上高楼接大荒,海天愁思正茫茫。惊风乱飐芙蓉(荷花)水,密雨斜侵薜荔(木莲)墙。岭树重遮千里目,江流曲似九回肠。共来百越文身地,犹自音书滞一乡。"他此时的愁思有如海天那样茫茫无际。那惊风密雨侵袭着芙蓉与薜荔。我们共来南方百越少数民族地区,隔着山岭不能见面,书讯阻隔而又难通,怀念挚友之情,肠一日而九回,愁思难于慰解。

柳州,当时是偏僻之地,人烟稀少,社会秩序混乱,柳宗元很想改变这种情况。"从此忧来非一事,岂容华发待流年"(《岭南江行》)。这时,他43岁,体弱多病,但仍"饥行夜坐设方略,笼铜枹鼓手所操"(《寄韦珩》),决心对这种落后环境进行一些改革,兴利除弊,做一些有利于人民的事,让人民安居乐业。首先,他采取释放奴隶、严禁人口买卖、教育人民不畏强暴等一系列办法。还兴办卫生事业,兴建学校,发展文化事业,破除迷信落后的风俗习惯等。

他首先解决柳州缺水问题,组织人力在柳州龙城掘井得水,解决了当地人民的饮水困难。鼓励开荒,开辟交通,提倡植树造林,当地落后面貌逐渐得到改善,"宅有新屋,步有新船,池园洁修,猪牛鸭鸡,肥大蕃息"(《柳州罗池庙碑》)。这是柳宗元在柳州为官的突出政绩。

元和十四年(819年)十一月八日,柳宗元在柳州刺史任内病逝,年47岁。次年七月十日归葬于万年先人墓侧。柳州人民为了纪念他,建造一座庙,宋朝时追封他为柳侯,这座庙就叫柳侯祠。祠内有宋代立的石碑,碑文记柳宗元事迹。因碑文是苏轼的书法、韩愈的诗,所以此碑被称为"韩诗、苏书、柳事"碑。祠前有柑香亭,据说是柳子种柑处。祠庙附近,有柳宗元衣冠冢,供后人凭吊,寄予哀思。

五 宋、元、明时期（960～1644年）旅行概说

宋、元、明时期，旅行家很多，既有国内旅行家又有国际旅行家。

北宋初年，开封（当时称东京）天寿院僧继业三藏，俗姓王，陕西耀州人，于966年前往印度，同行者约有157人，是一个庞大的宗教旅行团。从阶州（今甘肃武都）出塞，按玄奘所走的路线西行，经凉（今武威）、甘（今张掖）、肃（今酒泉）、瓜（今安西）、沙（今敦煌）等州，进入伊吾（今哈密）、高昌（今吐鲁番）、焉耆、于阗（今和田）、库勒（今喀什），过葱岭，到达印度。在印度，他们参拜了佛教圣地，释迦牟尼成佛的正觉山，佛祖传教的中心地之一的王舍城（在今比哈尔邦加雅附近），登上名山灵鹫峰。又分别游历印度各地，受到了友好接待。于977年回国。此行促进了中印文化交流和友好往来。

苏轼，游览西湖、庐山以及海南岛诸名胜地，写出了大量歌颂大自然的豪放诗文，是一位宦游四方的大旅行家。

沈括，"对天地问难，向山川求知"，写下《梦溪笔谈》，成为中国古代科技界的"稀世明星"。

元代，耶律楚材随军旅行，写下《西游录》，被誉为"是十三世纪述天山以北和楚河、锡尔河、阿姆河之间历史地理，最早最重要的书"。

邱处机（1148～1227年），世称长春真人。山东登州栖霞县人。曾在劳山（今青岛崂山）修道。72岁时，应成吉思汗召请西行。1219年，与门弟子18人同行。历时3年，行程万余里。1221年到达兴都库什山西北坡八鲁湾行宫，谒见成吉思汗。邱处机一行西行路线，大致是从山东登州（今蓬莱）出发，进燕京，出居庸关，越过野狐岭（今张家口附近），一直北上至陆局河（今克鲁伦河），折往西行，直至镇海城（今蒙古国西部哈腊湖南岸），再向西南行，越过阿尔泰山，穿行准噶尔盆地，至赛里木湖东岸，南下越天山，穿经中亚，抵撒马尔罕，渡阿姆河，到达兴都库什山八鲁湾。东归时，从兴都库什山，至撒马尔罕，经中亚，至阿力麻里（今新疆霍城），东向至昌八剌（今新疆昌吉县境内），经别失八里（今新疆吉木萨尔），过乌伦古河，重至科布多。再往东南行，直奔丰州（今内蒙古托克托），到云中（今山西大同），抵宣德（今河北宣化）。1223年，回到燕京。1227年邱处机病逝，终年80岁。葬于长春宫（今北京白云观）东侧。其门弟子李志常编纂《长春真人西游记》二卷。

元代到海外考察的旅行家有汪大渊、周达观。

汪大渊，江西南昌人，约生于1311年，卒年及其生平事迹均不详。元至顺元年（1330年），他在19岁时，搭乘商船，从泉州出发，出海远航。于1334年返回，历时5年。元至元三年（1337年），他第二次出海，在东南亚各国活动，为时3年，1339年归国。两次出海历时共计8年。先后经历琉球（即今台湾），前去真腊（今柬埔寨）、交阯（今越南北部）、罗斛（今泰国）、乌爹（今缅甸）、三岛（今菲律宾、卡拉棉、巴拉湾、布桑加等岛）、浡泥（今加里曼丹岛即婆罗洲）、层摇罗（今非洲坦桑尼亚、桑给巴尔）等地。每到一地，都采其山川风土物产。回国后，将其所见所闻写成《岛夷志略》一书。时年27岁，他是一位"少负奇气"的旅行家。

周达观，浙江永嘉（今温州）人，生卒年及其生平事迹均不详。元贞元年（1295年），元成宗为了加强与真腊国的联系，派出使团去真腊，周达观为使团成员之一。元贞二年（1296年）二月，中国使团从温州乘船出发，沿福建、台湾海峡、广东、海南岛，进入交阯海（今北部湾），三月间至占城（当在今越南南部平定一带）。七月间，到达真腊。这次出使真腊，受到真腊国王的友好接见。他在吴哥城住了一年多的时间，考察了吴哥的建筑和人民生活情况。回国后，写成《真腊风土记》一书，进一步沟通中柬友谊。后在吴哥石窟中雕塑有周达观的石像，表达了柬埔寨人民对中国友好使者的怀念。

在国际旅行家（马可·波罗、鄂多立克、伊本·白图泰、尼哥罗德·康梯被称为世界四大旅行家，他们都曾来中国游历）中，以马可·波罗最著名。

马可·波罗（1254～1324年），意大利威尼斯人。1271年随父、叔父来中国。从威尼斯乘船，到土耳其爱亚斯港。登陆后，随商队沿丝绸之路，由伊朗、阿富汗北部，越过帕米尔，穿过大戈壁，到达蒙古。1275年抵长城以北的元上都（内蒙古多伦西北）谒见忽必烈。当年秋天，随忽必烈来到北京。在中国，元世祖忽必烈很器重他，常派他去各地巡视考察，他周游了黄河、长江、江浙、四川、云南等地，以及"淡妆浓抹总相宜"的西湖。在扬州他当过3年江南道副使，出任过京城枢密副使。还曾奉派出使缅甸等国。他一家在中国居住了17年，后思乡心切，于1295年从泉州经海上丝绸之路返回威尼斯。不久，威尼斯与热那亚发生战争，马可·波罗参加了海战，不幸被俘。在监狱里，他将在中国的见闻口述给同牢房的一个囚犯比萨城作家鲁斯蒂谦，经整理写成《马可·波罗游记》，把中国的情况介绍给欧洲人。1324年，马可·波罗在威尼斯逝世，终年70岁。他可算是中意友好关系的开拓者。

明代，最著名的大旅行家有郑和、徐霞客，还有李时珍、顾炎武。

郑和，七下西洋，在海外传播中国文化，贡献卓著，可说是世界远洋航行的先驱。

徐霞客，徒步旅行，远征万里，人称"亘古一人"。《徐霞客游记》为我国地理科学史增添了光辉的新篇章。

李时珍，踏遍青山寻百草，他的医药学巨著《本草纲目》，对医药科学作出了卓越贡献。

顾炎武，长期旅行，写出了学术著作，是一代崇实学风的开山大师。

明代永乐年间，吏部员外郎陈诚、户部主事李暹，先后5次出使西域。足迹远至中亚撒马尔罕、塔什干、帖木儿的诞生地渴石（今撒马尔罕南之夏儿萨拨兹）及其帝国名城哈烈（今阿富汗赫拉特）。涉荒原漠野，越冰山雪岭，为畅通丝绸之路立下功绩。回国后，写成《西域番国志》、《西域行程记》二书，为研究明代西域历史地理，提供了重要资料。

明末朱舜水（1600～1682年），生于浙江余姚，寄籍松江府（今南京）。因抗清复明斗争失利，于1659年流寓日本，先后在江户、长崎、水户藩、加贺藩等地讲学，传播儒学思想，介绍中华文化，历时23年。于1682年逝世，葬于日本茨城县久慈郡太田町瑞龙山麓，树有"朱舜水先生终焉之地"石碑。他为中日文化交流作出了独特贡献。

明代国际旅行家以浡泥国王和苏禄国王泛海来华最有影响。

浡泥（今加里曼丹岛）国王麻那惹加那，于明永乐六年（1408年），率王后、王子及王弟、陪臣共150余人组成使团乘船来华访问。同年十月，国王在南京会同馆内病逝，年仅28岁。临终前，留下"死后体魄托葬中华"的遗言，后葬于南京中华门外雨花台西石子冈乌龟山南麓。

苏禄，即今菲律宾南部苏禄群岛。永乐十五年（1417年），苏禄东国酋长与西国酋长联合组成340多人的使团访华。访问结束离开北京，沿运河南行，船到山东德州，此时，东王在德州驿馆内病逝。明朝廷在德州营建了东王陵墓。明末大学者顾亭林写有《过苏禄国王墓》诗，内有"世有国人供洒扫，每勤词客驻轮蹄"的诗句。

这里，特别应提到的大旅行家还有：

清代的康熙帝（爱新觉罗·玄烨），6次南巡，曾两次登泰山，去曲阜祭孔，再南到扬州、南京、无锡、苏州、杭州、绍兴等地，"赏玩川泽、乐佳山水"。在"艳赏江南"的同时，也在治河安民。他还于每年夏、秋，去承德避暑和狩猎。康熙四十二年（1703年）修建热河行宫，即今避暑山庄。山庄环境幽美，池阁楼台，建筑雄丽，堪称"塞外明珠"。1994年，承德避暑山庄已被联合国教科文组织列入世界遗产名录。

乾隆帝（爱新觉罗·弘历）曾4次谒祖陵，5次游五台山，6次登泰山并游江南，多次去嵩山，11次去泰安祀岱庙，至曲阜祭孔。又每年去承德狩猎。他每次下江南，都是沿运河乘龙舟畅游。沿河两岸搭满戏台彩棚，沿河又排列着数不清的彩船。他的龙舟及随行船只可达千余艘，逛游扬州、南京、镇江、无锡、苏州、杭州、绍兴等地。并起建行宫，豪华无比。他是中国历史上为旅游耗费很大的又一位游山逛水的皇帝。

近代，孙中山先生以毕生精力奔走革命，为祖国的独立与自由而奋斗。奔波海内外，漫游亚、欧、美洲。在国外，他先后到过日本东京、横滨、长崎，越南河内、西贡，泰国曼谷，新加坡，马来西亚吉隆坡，比利时布鲁塞尔，法国巴黎，英国伦敦，加拿大温哥华，美国纽约、波士顿、旧金山、檀香山等地，为中国革命长年操劳。他抱病北上，在弥留之际，口中仍喃喃不忘"和平、奋斗、救中国"。孙中山于1925年3月12日在北京病逝，享年60岁。巨星陨落，举国哀痛，孙中山被安葬于南京紫金山中山陵。每年络绎不绝的人们，从五湖四海来到这里献出一片崇敬之心，中国人民永远纪念这位伟大的革命先行者。

苏轼宦游四方

苏轼是中国北宋一位大文学家，他一生大部分时间是做地方官，到过很多地方，游览了祖国的秀丽山川，因而又是一位大旅行家。

苏轼，字子瞻，号东坡居士。生于北宋景祐四年（1037年），四川眉山人。

他的父亲苏洵和弟弟苏辙都是北宋著名文学家。人称"三苏父子"。唐宋两代出现8位大散文作家，被称为"唐宋八大家"。"三苏父子"就是其中的三大家（其他五大家是唐代韩愈、柳宗元，宋代欧阳修、王安石、曾巩）。

北宋嘉祐元年（1056年）苏轼20岁时，与其父苏洵、弟苏辙一同进京（今开封）应试。兄弟两人均考中进士。他曾向朝廷上书,反对王安石变法,因而多次被贬徙,计有26次,在11个省、16个州县任职。

他在中进士之后,被任命为凤翔县判官。曾在凤翔东湖之上饮酒(即西凤酒)赋诗。在《九日游普门寺僧阁有怀》诗中说:"花开美酒喝不醉,来看南山冷翠微。"使柳林镇西凤酒盛名益彰。他游历关中山川,去过宝鸡附近的武城镇,考察诸葛亮当年主修的栈道。写下:"一朝长星坠,竟使蜀妇髽。……客来空吊古,清泪落悲筇。"他为孔明"出师未捷身先死,长使英雄泪满巾"而热泪沾巾。又游览过昔日繁华的骊山。写出《骊山》、《骊山三绝句》。

他曾在赴任途中,去过隆中(今湖北襄阳),瞻仰诸葛亮躬耕时的故居,写下"诸葛来西国,千年爱未衰,今朝游故里,蜀客不胜悲"的诗句。

熙宁四年(1071年),苏轼任杭州知州。杭州山清水秀,景色宜人。山虽不高而重峦叠翠,水虽不大,却有九溪十八涧、虎跑、龙井、黄龙涧等名泉长流。其典型风景点是西湖,湖山交相辉映,格外妩媚。他把西湖比作美女西子(西施)是十分恰当的,写下《饮湖上初晴后雨》诗:"水光潋滟晴偏好,山色空濛雨亦奇。欲把西湖比西子,淡妆浓抹总相宜。"他几乎每日漫步于西子湖畔或泛舟于湖上,饱览湖光山色。有时离舟上岸,在望湖楼饮酒,写诗《六月二十七日望湖楼醉书》:"黑云翻墨未遮山,白雨跳珠乱入船。卷地风来忽吹散,望湖楼下水如天。"有时,诗人躺在一叶小舟中,"水枕能令山俯仰,风能解与月徘徊"。

船儿随风漂荡，似乎与月亮一起徘徊在湖光景色中。有时，又登上望海楼观望钱塘江潮，"楼前指顾雪成堆"，"更看银山二十回"，潮水涌起，卷起千堆雪。有时，去寺院中，寻幽邃穷年，往往徜徉于灵隐丛林之间，傍晚则乘马以归。东坡爱西湖，写下很多赞美西湖的诗篇。其弟苏辙有诗云："昔年苏夫子，杖履无不之。三百六十寺，处处题清诗。"西子湖具有"天生丽质"之美，古往今来不少文人墨客为西子湖讴歌，苏东坡就是其中名流之一。

熙宁七年（1074年）苏轼曾游无锡惠山，来到松竹之下的惠山泉。此泉水甘爽清冽，"茶得此水，皆尽芳味"。唐代"茶神"陆羽等评之为"第二泉"。诗人品茗泉上，悠然咏诗："独携天上小圆月，来试人间第二泉。"

元丰年间，苏轼被贬为黄州团练副使（负责地方军事助理官员）。黄州（今湖北黄冈）位于长江北岸。苏轼来到黄州，有更多的时间游览祖国河山。黄州境内长江岸边有座赤鼻山，江边崖石呈赭赤色，屹立如壁，故又称赤壁。此处赤壁，面江背山，风景优美，苏子与客常来此游览。三国时，发生过一场著名的"赤壁之战"，吴帅周瑜，火烧曹操的战船于赤壁。这个古战场地，位于今湖北省蒲圻县西北长江南岸的赤壁山，并不是黄州赤壁。但是，唐宋以来，有些文学家在诗文中常把黄州赤壁当作"赤壁之战"的赤壁，东坡也是这样。当然，文人往往借江山以抒其感慨，诗以言情，并非为了考证。而东坡诗文，确给"赤壁"

增添了风采。

宋神宗元丰五年（1082年）七月既望（十六日），苏轼与客泛舟游于赤壁之下，饮酒咏诗，纵情歌唱，睡在船上，不知东方既白。回来后，写下《前赤壁赋》。过了3个月，再游赤壁，又写下《后赤壁赋》。这两篇名著，为后世传诵的不朽佳作。因此，"黄州赤壁"又被称为"东坡赤壁"。

在黄州时，他在城外东坡的一块荒地上开垦了十几亩地，修筑了几间新房。因建成之日正逢大雪，遂命名为东坡雪堂，苏轼也因此自号东坡居士。

这时，苏轼写了一首非常有名的词——《念奴娇·赤壁怀古》。诗人站在醉江亭上，面对滔滔江水，开怀畅饮，放声高唱："大江东去，浪淘尽，千古风流人物。"充分表达了他对祖国河山的热爱和对英雄人物的向往。

元丰七年（1084年）苏轼离黄州去润州（今镇江），曾北上高邮看望秦观（字少游，高邮人），同游当地文游台。二人把酒临风，饮酒论诗，为后人留下一段佳话，而高邮文游台也成为一处名胜地。

苏轼离润州，来到江西，登游庐山，立即为庐山的奇妙景色所吸引。他说："仆初入庐山，山谷奇秀，平生所未见，殆应接不暇，遂发意不欲作诗。"其实，他每到一处都留下了赞赏山景的诗篇。他几乎走遍了庐山的名刹古寺、悬崖绝顶、幽泉深谷。后来，到了庐山西北麓的西林寺，抬头仰望庐山在云雾缥缈中，呈现着不同的景象，于是写下《题西林（寺）壁》

诗："横看成岭侧成峰,远近高低各不同。不识庐山真面目,只缘身在此山中。"庐山的风景奇秀多姿,无论远看、近看,还是仰望、俯瞰,各具特色,无不令人神往。尤其是庐山的云雾变幻,奇诡莫测,更令人难于观察到庐山的真情实景,显示了庐山景色的奇秀,增添了迷人的色彩。苏轼还乘船游览了耸立在浔阳江中的石钟山,写有《石钟山记》一文。

宋哲宗元祐四年(1089年),苏轼第二次任杭州知州,距他第一次来杭州已有18年了。这时,西湖满湖壅塞,葑草丛生。他上疏朝廷挖探湖水。不久圣旨下,东坡甚喜,即择吉鸠工,将挖出的葑草淤泥取将起来,填筑一道长堤,以通南北。不数月,湖面上出现一条全长2.8公里的长堤,将一湖分而为二,西曰"里湖",东曰"外湖"。堤上造六桥:映波、锁澜、望山、压堤、东浦、跨虹。东坡写有《西湖六桥》诗:"六桥横绝天汉上,北山始与南山通。"堤的两旁,种上桃柳芙蓉,望之与一片锦云相似。春晨漫步堤上,春风拂面,翠柳如烟,几声莺啼燕语,报道春的信息。所以,称之为"苏堤春晓",为西湖十景之首。又将湖内淤泥堆积成一座环形小岛,岛外立三座石塔(原塔已毁)。每当皓月当空,塔身、月影倒映湖中,仿佛月印三潭,故称"三潭印月"。此后,西湖更如同仙境一般。人们为了纪念苏轼和白居易,于孤山建起白(居易)苏(东坡)二公祠,游湖者莫不景仰。

宋绍圣四年(1097年),苏轼被贬到海南岛。在儋县(当时为昌平军)整整住了3年。到宋元符三年

（1100年）六月才渡海北归。东坡初到儋县时，住在旧州衙署右边一个厅内。不久，他自己动手在旧州衙南门外桄榔树下结茅为屋，名为"桄榔庵"。他在住宅旁修筑莲塘，种白莲，在莲塘上建起一座桥，名曰白莲桥。他还自己做酒，叫"真一酒"，经常坐在白莲桥上饮酒吟诗。儋县地方人士知道东坡先生是位大文人，喜欢与他交往。其后，东坡办学，随着读书人的增多，当地人民集资建了一所大屋，用《汉书》扬雄"载酒问字"的典故，命名曰"载酒堂"。东坡在儋县与当地人民建立了深厚的友谊。每逢喜庆节日，都有人请他喝酒，将他奉为上宾。附近孩子们见东坡来了，用葱叶做口哨，吹着欢迎他，又欢送他。东坡为此写诗："总角黎家三四童，口吹葱叶送迎翁。莫作天涯万里意，溪边自有舞雩风。"在儋县，东坡主张用官话教书。这种官话与现今普通话近似，北方人都听得懂。

1100年，宋哲宗下大赦令，苏轼遇赦。奉召北归时他作诗云："余生欲老海南村，帝遣巫阳招我魂。杳杳天低鹘没处，青山一发是中原。"（《澄迈驿通潮阁》）临别时，又作诗："我本儋耳人，寄生西蜀州。忽然跨海去，譬如事远游。……"又："他年谁作舆地志，海南万里真吾乡。"诗中流露出他热爱儋县，对海南有着深厚感情。为了纪念苏东坡，海南儋县人民修建了东坡祠、载酒堂、东坡书屋，还有东坡井、东坡坐石等名胜古迹。值得提到的是在东坡祠里悬挂的一幅对联：

宾主联欢，追思笠屐风流，雪爪尚存鸿北去。

冠裳承祀，若问送迎诗句，笛腔犹按鹤南飞。

儋县人民每当逢年过节，都到东坡祠致祭，并吹奏按照东坡原作《鹤南飞》编的笛谱。可以看出，苏东坡给海南人民留下了深刻而美好的印象。

苏轼在北归途中，不幸身患重病，于常州病逝。时在宋徽宗建中靖国元年（1101年），终年65岁。其弟苏辙依嘱，将他葬于汝州郏县（今河南郏县）小峨嵋山。

2. 沈括"向山川求知"

沈括是中国历史上一位卓越的科学家，他在长期旅行生活中，"对天地问难，向山川求知"，使他成为多才多艺的大学者。尤其在自然科学方面更有着杰出的成就，著有《梦溪笔谈》一书。

沈括（1031～1095年），字存中，钱塘（今浙江杭州）人。其父沈周长期在外任地方官吏。他在青少年时，就跟随父亲到各地游历，曾去润州（今江苏镇江）、泉州、开封、江宁（今南京市）等地。凡所到之处，莫不询究，或医师，或里巷，以及士大夫之家、山林隐者，无不求访。这种旅行生活，使他有机会和社会接触，了解各阶层人民的生活，同时开阔视野，增长知识，养成重实践、重调查研究的治学态度。

其父逝世后，沈括承袭父荫，24岁开始做县吏，33岁举进士。历任沭阳（今江苏沭阳）主簿。代理海州东海县（今江苏东海）令，宣州宁国县（今安徽宁国）令，陈州宛丘县（今河南淮阳）令等官。又曾在昭文馆编校图书，阅读了大量藏书。他乘公务之便，宦游各地，注意考察地理形势与风物资料。长期的旅行生活和勤学好问，终于使他成为一个著名的科学家。

他任沭阳主簿时，整治沭水。沭水泛滥成灾，他亲自实地调查，主持治沭工程，新筑大堤，疏导河道，为"百渠九堰"。工程完成后，新辟农田七千顷，沭阳面貌也顿然改变。

宋仁宗嘉祐六年（1061年）沈括任宁国县令时，主持修治圩田工作。他前往现场，考察地理形势，实地踏勘，将地形地势绘画成图——《万春圩图》，筑成一条万春圩堤，免除了洪水灾害，又开辟了一千多顷农田，使百姓受益。

宋仁宗嘉祐八年（1063年），沈括进士及第，兼任提举司天监，做了管理天文的职官。他对当时修历方法深感不满，认为历法不能单靠推算，必须用实测来参验。

宋神宗熙宁五年（1072年），沈括奉命治理汴河。他实地视察汴河浚修的范围，从开封府以东，包括南京（今河南商丘）、宿（今安徽宿县）、亳（今安徽亳县）、泗（今江苏盱眙北）等州的汴河水道。在测量技术方面，他创出一种新测量法，即分层筑堰测量地形法。这个方法，即利用分层建成的梯形堤堰引水灌注入内，然后测量各级水面，将各个水平面的高度相加，它的总和就是"地势高下之实"。这种地形测量法，虽不算顶好，但是他首先尝试的，也是他实地考察得来的。

熙宁七年（1074年），沈括察访浙东时，曾深入温州雁荡山，考察山区的特殊地貌。发现雁荡诸峰，峭拔险怪，上耸千尺，穷崖巨谷，但不像别的山峰一眼能瞥见，而是被包在山谷里面。从山外望去，那穷崖巨谷都看不见。若到山谷内，则能见到山巍屹立。同时，他又发现，像大龙湫、小龙湫、水帘、初月谷等处，都是水凿的洞穴。从下面往上看，只见高岩峭壁，从上面看，恰恰与周围山峰一样平，甚至有的峰还略低于其他山峰。他在观察雁荡山奇妙景色的同时，经细致考察，得出一个科学结论：雁荡山地形的成因，当被谷中大水冲击，泥沙全被刷去，唯有巨形石块高峻峭立，这一奇观是由水的侵蚀作用形成的。

沈括在陕北黄土高原进行过考察，指出，陕西的大涧里常见高百尺的土墩，巍然耸立，这是雁荡山的缩影。不过这里是土，那里是石罢了。西北黄土带的土墩，同样是水的侵蚀作用所造成的。这是他对地形构造的卓识。

同年秋天，他察访河北西路时，沿着太行山北行，发现太行山麓，"山崖之间，往往杂有螺蚌壳和鸟卵形砾石，横亘石壁中有如带状"。经研究，他断定这一地带乃昔日之海滨。还进一步指出，太行山东麓，今距海近千里，远古是为海岸线。这一地带，昔日为沧海，今为大陆，是为泥沙沉淀淤积而形成的。这块大陆，即指今之河北平原。

元丰元年（1078年）六月，沈括为延州（今陕西延安）知州。他在地面下数十丈深处发现近乎竹类的化石，称之为"竹笋"，"根干相连，悉化为石"。

在浙东的婺州（今浙江金华）金华山，他还发现松的化石。根据这些发现，从而推论桃核、芦根、蛇蟹等动、植物都可以变成化石。他把化石解释为生物的遗迹。

在延州境内，沈括还考察过石油的生产情况。他见到延州人民采取石油的方法，是用野鸡尾沾油收集到瓶内，燃烧时冒出一股浓黑的烟。他便断定这种烟，大有用处。他首先用它代替煤烟，制造成墨，并且说："此物后必大行于世。"他又说："盖石油至多，生于地中无穷，不若松木有时而竭。"他已认识到陕北石油储藏量很丰富，认为是一种有价值的燃料。这种燃料，旧称之为"石脂水"、"石漆"、"泥油"、"火井油"等名。但"石油"这个名称，却是沈括首次提出的。在历史文献中以《梦溪笔谈》中出现"石油"之名为最早。

在考古学方面，关于出土古物，《梦溪笔谈》中也有反映，记载有彝、钲、尊、罍、匜、铜镜、弩机、刀、剑、铜钱、印章等。也透露了一点当时的考古情况，如雷州（今广东雷州半岛）地区曾发现雷斧、雷楔之类古遗物。还记有寿州（今安徽寿县）八公山出土小金饼，当时称为印子金。又记载，从一渔翁手里，得到一枚七两多重，面有二十余印，背有五指和掌痕的金饼。这大概是战国时楚国金币"郢爰"出土的最早记录。

指南针是旅行中的备用物,航海时更是必备之具。沈括对指南针的使用也曾做过多次实验,进一步知道指南针所指的方向,不是正南,而是略微偏东。这种现象,在物理学中叫做"磁偏角"。他是继唐代发现之后再次明确提出"磁偏角"的学者。

沈括东游登州(今山东蓬莱),见到"海市"。他说:"登州海中时常看到有云气,如宫室、台观、城堞、人物等等,车马冠盖,历历可见,叫做'海市'。"他否认了过去相传的"蛟蜃之气所为"的旧说。但他没有解释"海市"的成因。他推论出现"海市"的情况,不仅只出现于海中,而且也能发生在大陆,这两种"海市""大略相类"。现今沙漠中仍出现"海市",他的推论是对的。

一次,他在出使契丹途中,曾在永安山(今河北平泉南)下,一个新雨初霁的黄昏时刻,观察到在帐前的小涧上,出现了虹,虹的两头垂入涧中。他认为"虹是雨中之日影也,日照雨则有之",从而说明因云薄雨稀,才能透露日光,因为透光,才能见到虹的出现。

《梦溪笔谈·异事》中,还有关于天空中不明飞行物的记述。他的友人一夜在湖上忽然见到一颗明珠。"俄所忽壳,其大如半席,壳中白光如银,珠大如拳,灿然不可正视,十余里间林木皆有影,如初日所照,远处但见天赤如野火,倏然远去,其行如飞,浮于波中,杳杳如日"。这像是一篇 UFO(飞碟)目睹现象的描述。

元丰五年（1082年），沈括退出政治舞台，离开延州，来到随州（今湖北随县），住在法云禅寺，在这里度过3个寒暑。直至元丰八年（1085年）宋神宗病死，哲宗继位，颁布赦令，沈括遇赦东移，改授秀州（今浙江嘉兴）团练副使。是年冬，沈括从安陆、汉口经江州（今江西九江）到达秀州。秀州与杭州同属两浙路，可以说"有以慰乡井之怀"。此后，从事编绘地图工作。元祐二年（1087年），地图绘成，申报尚书省。图名"守令图"，亦称"天下州县图"。全图共20幅，采用十八路制度。"地图"上呈皇上，哲宗赏赐100匹绢，并允许他任便居住。于是，他便从秀州迁到润州。以后，一直住在这里。

润州本是沈括旧游之地，早已买到一片田园。山水花木，环境幽静。本来，他在第一次遭谪贬时，曾在江西庐山盖好一所房舍。后来，爱上润州这片田园，便放弃了庐山终老的想法，决定移居润州，安度晚年。润州园，在当时丹徒朱方门外，故址在镇江市东郊乌凤岭之南的小山村，取名"梦溪园"。园内有小山，名曰百花堆，山下的泉水从峡中流出，环绕花园一角，水翠清澈，溪岸乔木荫蔽。这条小溪，就是"梦溪"。他的居室置于花丛中，四周茂林修竹，鸟语花香。这里恰似他30年前梦境中的家园。沈括住在这里，过着隐居生活。除读书写作外，或在泉上垂钓，或在湖中划船。有时，又在竹林中静坐抚琴。他把琴、棋、禅、墨、丹、茶、吟、谈、酒，称为"九客"，视为好友。

他在"梦溪园"住了8年,从58岁进住,到绍圣二年(1095年)病逝,终年65岁。

沈括在梦溪园的日子里,潜心整理汇编平日的见闻谈论,写成一本综合性著作,名曰《梦溪笔谈》。这部书是中国科技史上一份宝贵遗产,也是世界科技史上的杰作。外国科学家称赞《梦溪笔谈》是"中国科学史上的坐标",在科技史上放射着灿烂的光辉。

3 耶律楚材随军旅行

耶律楚材是一位精通汉文的契丹族人。他随从成吉思汗西征,行程几万里,留居西域六七年。有《西游录》述其事,是一位随军旅行家。

耶律楚材(1190~1244年),字晋卿,法号湛然居士。辽代开国皇帝耶律阿保机的九世孙,世居燕京(今北京香山)。他从小就深受儒学的熏陶,后又信佛,崇禅宗,钻研佛经3年。耶律楚材博览群书,旁通天文、地理及释老、医卜之说,著有《西游录》、《湛然居士文集》、《西征庚午元历》、《皇极经世义》等书。

太祖十三年(1218年),成吉思汗访征楚材至漠北行宫,以后便将其留在身边作为顾问。1219年,成吉思汗亲率20万蒙古军西征中亚大国花剌子模,楚材奉命扈从。1224年,成吉思汗班师,楚材也随军东归。此次西行,行程达3万里,留在西域达6年之久。

南宋宝庆三年,蒙古(元)太祖二十二年(1227年),成吉思汗去世。楚材奉命来到燕京,并开始著写

《西游录》。《西游录》原本共 5000 余字。全书分"序"及上、下两篇。下篇谈议道教问题，上篇是西行沿途见闻的记述，它为研究 13 世纪中亚地区的历史，提供了一份重要资料。

耶律楚材西行随军旅行生活，只能根据《西游录》（上篇）来做简单介绍。

太祖十三年（1218 年）三月楚材奉诏远征，扈从西游。从北京（永安，辽宣帝耶律淳葬于香山，陵曰永安）出发，过居庸关、武州（今内蒙古武州，一说河北宣德）、云中（今山西大同），翻越阴山（元代称天山，即今内蒙古呼和浩特北的大青山），穿过蒙古沙漠，大约行走近百日，到达成吉思汗驻地和林。

太祖十四年（1219 年），成吉思汗向西域发动进攻，楚材随军西行，翻过金山（即阿尔泰山）。金山一带风光奇秀，"时方盛夏，山峰飞雪，积冰千百尺许，上命斫冰为道以度师。金山之泉无虑千百，松桧参天，花草弥谷。群峰竞秀，乱壑争流，真雄观也"。自金山而西，水皆西流，入于西海。

金山过后，来到金山以南地区，包括今新疆、乌兹别克斯坦、哈萨克斯坦、阿姆河、锡尔河、撒马尔罕等数千里之地活动。

耶律楚材随军经轮台，到达今乌鲁木齐市北米泉至昌吉之间。自金山往南是一片沙漠，所谓"瀚海"。沙漠（海）中有岛屿，屿上有禽鸟落下的羽毛。过了这一片千余里的大戈壁，到了艾比湖西面的不剌城（今新疆博乐县境），不剌城之南有阴山（天山山脉西部博罗霍罗山)。在山顶上有圆池(即天池,今赛里木湖)。过圆池南下,这一带都栽种林檎木(北方沙果树)。树荫荟翳,不露日光。既出阴山,有阿里马城(今新疆霍城附近),在城的附郭周围,都是林檎园圃。西戎人称沙果为阿里马,所以,霍城就叫阿里马城(今属伊宁市)。这里多种沙果、葡萄、梨,并种五谷,与中原地区没有什么区别。

又往西南行数百里,到达苦盏城(今中亚锡尔河南岸列宁纳巴德)、可牟城(今中亚纳曼干西北)、八普城(今纳曼干西)、芭榄城(今中亚锡尔河南岸皇弗帖列巴德附近)。

苦盏城,多产石榴,"其大如拱,甘而差酸,凡三五枚,绞汁得盂许,渴中之尤物也"。芭榄城边都是芭榄园(芭榄,波斯语即匾桃)。"芭榄花如杏而微淡,叶如桃而差小。状类匾桃,肉不堪食,唯取其核"。八普城,"西瓜大者五十斤,长耳(即驴)仅负二枚,其味甘凉可爱"。

再西行千余里,到了花剌子模的都城寻思干(今撒马尔干)。该地处于锡尔河与阿姆河之间,土地肥沃,甚为富庶。耶律楚材在攻下这座城后,长留居于此,对这座城的情况,比较熟悉,记载比较详细。

撒马尔干,"环郭数十里皆家必有园,园必成趣。率飞渠走泉,方池圆沼,柏柳相接,桃李连延,亦一时之盛慨也"。这里是盛产瓜果之乡,"瓜大者如马首许,长可容狐"。他称这个地方产的西瓜,大的与马头差不多,瓜的长度可以容纳一只狐狸。"酿以葡萄,味如中山九酝。"这里的葡萄味美甘甜，酿出的葡萄酒，酒味香醇，可与当时中国最有名的"中山九酝"酒比美。"八谷中无黍、糯、大豆"，在种植的五谷中，不种小米、糯米和大豆，大概与当地的气候、土壤有关。在这里的商品交易市场上，是"用金、铜钱，无孔郭，百物皆以权平之"。此处通用的铜钱与中国铜钱不同，没有方孔，交易上不用度量，只用权衡。这里虽种植桑树，但很少人会养蚕。穿着服饰方面，人们都穿屈眴（棉布）做的衣服。当地人以白色为吉祥色，而以青色为丧色。所以，当地人都穿白色衣服。

在阿姆河岸有班城（今阿富汗北部马扎里沙里夫附近）和搏城（今地不明）。该地富庶，而其建筑物也很壮丽。"城中多漆器，皆长安题识。"当地与中国早有交往。

耶律楚材也到过印度地境，往西直抵黑色印度城。这里并非正北的印度，乃是印度的北部边境。"其国亦有文字，与佛国字体声音不同。"国中佛像甚多。当地人不屠杀牛羊，只喝牛羊奶。当地的风俗，丈夫先死，死者的室家（即妻子）也要一同荼毗（即火葬）。这里，天气十分炎热，"土人不识雪"。盛夏的时候，如果把锡器埋入沙中，不久即可熔化。马粪堕在地上，一晒就可燃烧起来。晚上，月光照射也像中原地区的夏日，只可在月荫下避暑。此地广种甘蔗，当地人"绞取其液，酿以为酒，熬之成糖"。用甘蔗酿的酒，应为其特产。

黑色印度之西北，有"可弗叉国"（今阿姆河西北地区)。"数千里皆平川,无复丘垤。吁,可怪也,不立城邑,民多羊马。"其实,并不可怪,这是游牧民族地区,在平川上,牧民放牧着羊群马群,过着游牧生活,当可"不立城邑"。当地人还"以蜜为酿,味与中原不殊"。"此国昼长夜促,羊胛适熟,日已复出矣。"这个地方昼长夜短,短到晚上煮羊胛,刚煮熟,日头已出东方了。

上面有关黑色印度的气候炎热和可弗叉国的昼长夜短的描述,是有夸大之处。看来,这一带地方,楚材并未亲历,可能是从传闻中得来的,不十分可信。

耶律楚材此次随军西行,过金山、瀚海,经历中亚哈萨克、吉尔吉斯斯坦,到达乌兹别克斯坦、土库曼斯坦等地以及印度北部边境地区,行程万里,历时6年,是一位随军大旅行家。他将在中亚地区耳闻目睹的地理气候以及风俗习惯,一一回忆,写成《西游录》一书。

1244年,耶律楚材在燕京去世,终年54岁。葬于北京瓮山(万寿山)下。元朝亡后,楚材祠和墓地被夷为平地。1751年,清乾隆年间,发现其祠墓遗址。现在,楚材祠墓位于颐和园仁寿殿西南昆明湖东岸的一座独立小院内,墓在祠中。祠堂横匾上有"元枢宰化"四字,为乾隆御书。祠堂内有耶律楚材塑像。

4 郑和七次下西洋

明朝自永乐三年(1405年)至宣德八年(1433年)曾先后派遣舰队七下西洋,"欲以耀兵异域,示中国富强",同时,传播中国文化。领导这7次海上远征的就是被称为"三保太监"的郑和,他是中国历史上著名的航海家。

郑和,本姓马,原名文和,小字三保。云南昆阳(今云南昆明市晋宁县)宝山乡和代村人。生于明洪武四年(1371年),卒于明宣德九年(1434年)前后。他经历洪武、建文、永乐、洪熙、宣德五朝。他家世代信奉回教,祖父和父亲都曾航海去过麦加朝圣,被称为"哈只"(阿拉伯语,"haji"的译音,意为"巡礼人")。郑和本人也是伊斯兰教徒,又曾受过菩萨戒,念过佛经。永乐三年因靖难有功,晋升三保为内官监太监(太监是宦官中最高的官职)。明成祖(朱棣)赐姓郑,从此,便叫郑和。

朱棣登上帝位,很赏识郑和的才干,所以永乐三年六月,遂派他为正使,王景弘为副使,率领大批军舰,从太仓刘家港出发,出使西洋各国。这是中国历史上空前的壮举。

"东洋"与"西洋",大概以婆罗洲(元明称为浡泥)为界,以东称之为"东洋",以西称之为"西洋"。郑和活动的地区都在爪哇以西,所以称为"下西洋"。

郑和7次下西洋的简略经过如下。

第一次下西洋,从明永乐三年六月十五日(1405年7月11日)至永乐五年九月(1407年10月)初四。这是郑和首次航行。他登上船队中最大的一艘船——宝船。该船长44丈4尺,宽18丈。船队共计62艘大船,率领将士27800余人。从太仓刘家港出发,由长江口驶入东海,再由五虎门(闽江口)扬帆起航,穿越台湾海峡,进入南海,到达占城(今越南南部)。经历爪哇、苏门答腊,来到满剌加(今马六甲)。

郑和一到满剌加,其国王就率领大臣们带着仪仗队,前往港口迎接。郑和向其国王宣读了永乐皇帝的国书(即敕书),并赠送双台银印、服装等优厚礼物。还在当地立碑留作纪念,体现了中国与满剌加两国友好关系的建立。

郑和在满剌加逗留了一段时间,来到印度半岛西南端的古里(今印度西南海岸科泽科德),这是郑和首次下西洋的终点。到达之后,向其国王递交了永乐皇帝的国书,并赠送了银印等礼物。建碑庭立石留念。碑文中说:"去中国十万余里,民物熙皞,大同风俗,刻石于兹,永乐万世。"(据《西洋记》:"此去中国,十万余程,民物咸若,熙皞同情,永示万世,地平天成。")表示两国要世世代代友好下去。这座碑是郑和在海外所建较早的石碑之一。

古里的国王信奉佛教,敬象及牛,养牛只准喝奶,不准杀牛吃肉,私自杀牛者要被处罪。郑和下令部下尊重当地风俗。古里国王用好赤金50两,令工匠抽成头发细的金丝,结绾成片,以各色宝石珍珠,镶成宝带一条,派遣使臣,进奉中国。

郑和访问古里结束后,率队返航。归途中访问了巨港(今苏门答腊东南部巨港),遇到海盗劫掠,经奋勇回击,生擒匪首,为这一带海上除了一大害。永乐五年(1407年),郑和率船队回到南京。

第二次下西洋，郑和率领官兵 27000 余人于永乐五年九月十三日由刘家港出发，再由福建起航出海南下。先到占城，再到爪哇，现在岛上有三宝垄、三宝庙、三宝洞等纪念郑和的古迹。郑和又从爪哇到暹罗国（今泰国）。

暹罗国，崇信佛教，国中僧尼极多，僧尼袈裟服色与中国的大体相同，亦住庵观，受戒持斋。在暹罗，郑和分遣一部分船只去真腊（今柬埔寨），使节人员参观了金塔、金桥、寺庙，所到之处受到真腊人民的热情欢迎。

离开暹罗，再经满剌加，渡印度洋，直抵柯枝国（今印度西南海岸柯钦）。当郑和船只到达柯枝海岸时，国王与居民拥立岸边，热烈欢迎中国客人的到来。这里崇信佛教，敬象及牛，建造佛殿，以铜铸佛像，以青石为座。此地气候常暖如夏，无霜雪，雨量充沛，"半年下雨半年晴"。国人多置园圃，以种胡椒为业，有胡椒国之称。

从柯枝，郑和又分派部分船只到印度西部海岸甘巴里（今印度西海岸坎贝湾的坎贝）和阿拨把丹（在坎贝之北，今阿默达巴德）。而大队船只则到古里，再向南航行，来到锡兰（今斯里兰卡）。

在锡兰，郑和带去永乐皇帝的国书和布施佛寺的礼物，并建石碑。石碑用汉文、泰米尔文和波斯文雕成，至今保存在斯里兰卡博物院。这是中国与斯里兰卡两国友好史上的珍贵文物。访问结束后，郑和一行东航回国，于永乐七年（1409 年）夏回到南京。

第三次下西洋是在永乐七年秋十月。郑和率船队自刘家港出发，从福建五虎门起航，每艘挂帆12张的大宝船共48艘，经12个昼夜，抵达占城的新州港（今越南归仁），受到热烈欢迎，国王在王宫举行盛大宴会，欢迎贵宾，宾主共叙两国友谊。离占城后，经爪哇、满剌加，到苏门答腊。于永乐八年（1410年）再赴锡兰，当时的国王对郑和使团采取极不友好的态度，并发兵抢劫明朝宝船。郑和率领随行将士，包围锡兰王宫，俘虏了国王，送交明朝廷处理。后来，朝廷派人将他送回锡兰。此后，中锡两国重归旧好。

郑和离开锡兰，又访问小葛兰（今印度西南端海岸奎隆）。永乐九年（1411年）六月，郑和随同19国来华访问的使者，一齐到达南京。

第四次下西洋为永乐十一年（1413年）冬，郑和率领宝船63艘，人员27670人，每船平均乘坐430人。船队从刘家港出发，沿着老路，先到占城，然后访问爪哇、旧港、满剌加、彭亨（在今马来西亚）、急兰丹（在今马来西亚），再到苏门答腊（今苏门答腊西北部亚齐）。国王亲来迎接，双方互送礼物。这时，发生袭击船队的事件，郑和指挥将士奋起还击，取得胜利，也稳定了苏门答腊的局势。

郑和还分派部分宝船访问了同在苏门答腊岛上的南巫里和阿鲁等国。

郑和的船队再经锡兰、加异勒（今印度半岛南端）到达古里，稍事停留，继续扬帆起航，横渡印度洋，经过25个昼夜，到了波斯湾口的忽鲁谟斯（在今伊朗阿巴斯港附近）。当地人得知中国宝船到来，奔走相告，并用琥珀、珊瑚、猫睛石、龙眼珍珠等来交换丝绸、瓷器等中国商品。

郑和回国时，忽鲁谟斯国王派使臣带着国王亲笔信，用船装着麒麟（长颈鹿）、狮子、鸵鸟、羚羊、斑马和珍珠、宝石等礼物随同郑和回访中国。

郑和返航时，途经溜山国（今马尔代夫群岛），收购了当地盛产的龙涎香、乳香、椰子等物回国。永乐十三年（1415年）七月初八日，回到南京。

第五次下西洋是在永乐十五年（1417年）五月。许多国家派使臣访问中国，为了回访，明成祖再派郑和出使。郑和于永乐十五年五月到泉州，在泉州仁凤门外灵山回教先贤墓地行香，并立碑纪念。同年秋，郑和从福建出洋，经占城、爪哇、满剌加、苏门答腊、锡兰、柯枝、古里，前往阿拉伯诸国访问，首先到达阿丹国（今亚丁）。船队离阿丹绕过非洲东北角向南航行，来到木骨都束（今索马里首都摩加迪沙）。郑和在临别时，其国王派使臣一道来中国，并赠送一只长颈鹿，当地人叫"撒哈剌"，视为祥瑞的动物。船队最后来到麻林（今东非肯尼亚马林迪），七月间横渡印度洋返航。

郑和这次回国，随同来中国访问的有16国的使臣，他们都送了礼物，有忽鲁谟斯的狮子、金钱豹、鸵鸡（鸵鸟），阿丹的麒麟（长颈鹿），木骨都束的花福鹿和狮子，卜剌哇（今索马里布腊瓦）的千里骆驼，爪哇、古里的糜里羔兽等。郑和一行于永乐十七年（1419年）八月返回南京。

第六次下西洋是在永乐十九年（1421年）春。为了护送忽鲁谟斯、木骨都束等16国使节回国，朝廷又派郑和等带着国书和大批礼物六下西洋。这次领队的另有太监洪保，分别领航出发。

郑和于永乐十九年冬，途经占城、暹罗、锡兰、满剌加、苏门答腊、古里等地，又去阿拉伯半岛的祖法儿、阿丹，再去非洲的木骨都束、竹步（索马里朱巴河入海处）、卜剌哇、麻林等地，受到各国的欢迎。永乐二十年（1422年），郑和结束了对东非各国的访问，横渡印度洋，路经锡兰、苏门答腊等地，回到南京。这次旅程比较遥远，而来回却很迅速。

永乐十九年，明朝首都从南京迁至北京。明成祖朱棣死于永乐二十二年八月十五日，由他儿子朱瞻基继位，是为明宣宗，年号宣德。

宣德五年（1430年）六月初九，郑和被任命为下西洋正使，第七次下西洋，这是郑和最后一次航行。随行官员、士兵、医生等共27550人。重要人员马欢、费信、巩珍都一起同行。在闰十二月六日（1431年1月19日）郑和船队从南京龙湾（今下关）出发，四月到福建长乐港。年过60岁的郑和，率领60多艘海船从长乐港起航，第二年十月到达苏门答腊。又分一部分船只，由洪保率领去榜葛剌（今孟加拉国）访问。该国向中国使团赠送了麒麟（长颈鹿）等珍贵礼物。

宣德七年（1432年）十一月，郑和船队经锡兰抵达古里，正值古里国派人前往天方（今麦加）朝圣，郑和派出马欢等7人搭乘古里船同往麦加朝圣。中国使节马欢等人的到来，甚受欢迎。他们在当地购买麒麟、狮子、鸵鸟等珍兽，并摹画"天堂图"真本。当马欢等离开时，天方国派使臣随同访问中国。宣德八年（1433年）四月间，中国使团在各地访问的船只在满剌加集中返航。途中，郑和船队中由副使王景弘率领部分船只到达赤坎（今台湾安平）稍作停留。于七月回到南京。

郑和七下西洋，历时28年，经历至少有37国或地区。最南到爪哇，最北到波斯湾和红海里的麦加，最东到琉球，最西到非洲东岸索马里和肯尼亚。

宣德九年（1434年）郑和病逝于南京（一说死于旅途中的古里，葬于海外），终年64岁。郑和墓尚待寻找，据《江宁县志》，他葬于南京南面牛首山麓（一说，仅是从海外携归的郑和头发和部分遗物冢）。

随同郑和下西洋的几位重要人物的著作有：马欢著《瀛涯胜览》一书，费信著《星槎胜览》一书，巩珍著《西洋番国志》一书，为研究亚非各国的历史地理、风土物产等方面的重要文献。

15世纪郑和下西洋，极大地发展了中国与亚非各国的友好关系，为中国与亚非友谊作出了重大贡献，也在世界航海史上留下了光辉的篇章。

5 李时珍踏遍青山寻百草

李时珍是中国明代大名医、大药物学家，他踏遍青山寻百草，写成中国药物学史上一大巨著《本草纲目》。

李时珍，字东璧，号濒湖山人。蕲州（今湖北蕲春县）人。明武宗正德十三年（1518年），出生于一个世代行医的家庭里。

他在14岁那年即嘉靖十年（1531年）考取了县学秀才。后来，在17岁、20岁、23岁时，先后3次到省城武昌去应乡试，结果都没有考中。从此，他告别了科举，开始钻研医药学，精读了许多医药学书籍。他一方面敬佩先师们的业绩，另一方面也看到他们在理论上和观察上的缺陷。他立志要把旧的医书加以整理、纠正和补充。

他在25岁时，开始正式行医，10年后，医名越来越大。后来，他被召往北京，在宫廷太医院任职。宫廷内珍藏着许多民间见不到的医书，李时珍在任职期间翻阅了大量藏书，并进行研究，这为他后来的学术研究打下了坚实的基础。

李时珍在皇宫太医院任职时，对所属的寿药房、御药库最感兴趣。他将各地进贡来的名贵方物，尤其是不同地区来的同一药品，集合起来，加以比较，后来，又对不同的人参、白术、当归……作了解释。

他在北京时，还常去西直门，访元君祠，登石景山，观浑河（今永定河）。对北方人饮食起居的一些问题，也十分注意。

工作一年后，他托病辞去太医院职务。南归时，经涿州、安阳、许州等地，他感到北国平野，处处都是学问的宝藏。回到故乡，除行医外，李时珍还到各地游历访问，随时采药，并进行更深入的研究，他把主要精力都用于编写《本草纲目》上。

李时珍在35岁时就已认识到，必须通过了解事物的实际情况来"穷究物理"。对药物只有亲自采集，亲自尝试，才能"颇得其真"。从此，他从"博览群书"发展到"采访四方"，认识到"满山遍野都是学问"。他的腿和脑一起开动起来，到原野去，熟悉大自然的形形色色，这就为他深入研究打下良好的基础。

明嘉靖四十年（1561年），李时珍回到家乡蕲州。他深爱雨湖风物，就在雨湖北岸盖了新房，取名红花园。从这时起，他取别号濒湖，并在自己家的门首题写"迈所馆"（取《诗经》"考槃在阿，硕人之迈"之意）三个大字。

蕲州有三大特产：蕲蛇、蕲竹、蕲龟。其中，蕲蛇的毒性很大，是一种重要药材。它主治风痹、半身不遂、关节疼痛、癫癣等病。而当时市场药店里卖的蕲蛇都是从兴国州（今湖北阳新县）山中捕来假冒的。要了解真正的蕲蛇，就要到产地龙峰山上去观察蕲蛇的形状和生活习性。他为此几次爬上龙峰山，果然清楚地看到了蕲蛇是黑色的，白色花斑，胁下有24个斜方块的花纹，还发现蕲蛇常在石南藤上活动等。他就是这样经常进行实地调查和访问。蕲州一带的原野和山谷，都留下了他的足迹。近处的缺齿山，远处的丫头山，以及紫云洞、朱家洞，都成为他奔走采访的对象。山中的甘菊、苦参、紫苏、苍耳……还有土蜂、蟾蜍、竹鸡、野猪……都为他提供了在书本上不见记载的许多知识。

他不仅注意山间的学问，同时，还注意到水中的学问。他游览距家不远的雨湖时，向渔人长者请教关于鸬鹚的生育方法和鱼狗子的穴居情况，以考订前人记载是否确实。他向农民询问关于萍、蘋、莼、荇的形态差别，对各种品物得到了正确解释，纠正了前人如寇宗奭《本草行义》中把卷丹误作百合之类的错误。

嘉靖四十四年（1565年），李时珍作了多次旅行。除走遍了家乡的山山水水外，湖北均州太和山（今武当山）最引起他的注意。这座山草木繁茂，几乎处处都是花海，是一个生产药物的大宝库。他决意前往登山。从蕲州先到汉阳，取道汉水北上，到均州草店舍舟登陆。他忘了病痛，举足登山。山中的九渡、紫霄、南岩诸名胜，令人流连。但最使他感兴趣的，是他的采访药物地区。他把自己熟悉的药用物——植物与矿物重新核对，并采到本山特有的品种，作为标本带回研究，其中有九仙子、椰梅、朱砂根、千年艾、隔山消等，后在《本草纲目》中都作了说明。他终日在武当山的危崖曲阪间寻求百草，过着山间生活，也真"别有一番滋味在心头"。

他继续旅行，沿江而下，到江西湖口，也曾登上庐山，山上的峰涧间都是采摘草药的宝库。他又游览过南京，那盛产药物的摄山、茅山、牛首山，都留下了他的足迹。

他又取道麻城入豫州（今河南），到大别山脉，游览山间美景，采摘药物也有很大收获。

他在长途旅行中，踏遍青山寻百草，后人赞美他"远穷僻壤之产，险探仙麓之华"。他除采药访医外，还收集各地流传的单方，后都编入《本草纲目》附方一栏。

李时珍在医药学上的贡献，主要在于他留给后世的医药学巨著——《本草纲目》。他对巨著中所要收集的品种"——采视"，足迹遍布湖南、湖北、安徽、江西、江苏、河北、广东、广西等地。所以，这部巨著的写成，也可以说是他长途旅行采访四方的结果。

这部书，他从35岁时（1552年）开始编写，至61岁时（1578年）完成，历时27年。《本草纲目》共52卷，分成16部共60类。收载药物1892种，附方1万多首，附图1000多幅。已被译成多种外文，流传世界各地，被誉为"东方医药巨典"。

他的晚年，以文学陶冶性情，常携带杜诗，坐在江心的浮玉矶上朗读"白膀千家邑，清秋万估船"的诗句，以抒发他此时的心情。

万历二十年（1592年）以后，他困于病床上。万历二十一年（1593年），这位杰出的医药学家在故乡病逝，终年76岁，葬于蕲州雨湖南岸土耳地。

6 徐霞客万里远征

徐霞客在300多年前为求知而探奇远游，亘40

年，实为中国山岳地理之开创者。霞客之游，"途穷不忧，行误不悔，瞑则寝树石之间，饥则咉草木之实，不避风雨，不惮虎狼，不计程期，不求伴侣。以性灵游，以躯命游，亘古以来，一人而已"（《徐霞客游记》序）。徐霞客写出的《徐霞客游记》，摹景抒情，均有独到之处，被誉为"一代奇书"，为中国地理学史作出了超越前人的贡献。他是一位大地理学家，又是一位最著名的大旅行家。

徐霞客，名宏祖，字振之，号霞客，祖籍河南新郑，宋时居苏州，元代迁居江苏江阴梧槎里，遂为江阴世族。他生于万历十四年（1586年），卒于崇祯十四年（1641年）。从小聪明好学，最喜欢阅读历史地理和探险游记以及地方志一类书籍。他从书本上获得不少地理知识，所以，很早就有遍游五岳的志愿。

作为一个旅行家，他最健游，又最善游。为了实地考察，从来都是徒步跋涉，间或乘船，绝少骑马，有时还自负行李。随他同游的只有一个仆人，在登山攀援时，他总是只身前往。晚年远游西南，又有一僧人静闻随行，湘江遇盗，行笈一空，静闻被创病死，霞客仅以身免。霞客依僧人嘱托，将其遗骨一直背负到云南鸡足山埋葬。因此，霞客写有"别君已许携君骨，夜夜空山泣杜鹃"的诗句，可见他对友人的忠厚。

在旅途中，徐霞客布衣草履，不畏艰险，不辞劳苦，虽食无盐，卧无草，但其乐无穷。他每日步行百余里，晚上在破壁枯树下，燃起枯草，写日记。有时陷于窘境，仍继续前进，终于到达目的地。

他从 22 岁开始出游，到 55 岁止，34 年间，有 28 年是在旅行中度过的。前后游历过的地方计有：江苏、浙江、江西、安徽、福建、河南、河北、陕西、山东、山西、湖南、湖北、贵州、云南、广东、广西 16 省。登上的名山有：泰山、华山、嵩山、恒山、黄山、白岳山、庐山、武当山、武夷山、天台山、雁荡山、五台山、普陀山、九嶷山、洞庭山（太湖东山、西山）、罗浮山、盘山、打鹰山、鸡足山 19 座山。他最北到盘山，最西到云南腾冲，东止于海，最南到广西崇善。在大半个中国土地上，都留下了他的足迹。

徐霞客 19 岁那年，父亲去世，他守孝 3 年，期满后，在母亲的支持下，便开始了他地理考察与探险的旅行生活。

他从游太湖开始，登上东、西洞庭山。不久北上，到曲阜，拜孔林，谒孔庙与孟庙，登东岳泰山，再往北入北京，接着南下浙江，东渡舟山岛，登游落迦山（今普陀山），回上天台山，"乘月上华顶，观日出"。"两崖峭石夹立，树巅飞瀑纷纷。"又游雁荡山，"夹溪皆重岩怪峰，突兀无寸土，雕镂百态。峰峰奇峭，离立满前"。转而游览南京，往南行，登白岳山，时维正月，"满山冰花玉树，迷漫一色"，"崖绝涧穷，悬瀑忽自山坳排下数丈，亦此山奇境"。下山后，登游黄山，"绝巘危崖，尽皆怪松悬结，高者不盈丈，低仅数寸，平顶短鬣，盘根虬干，愈短愈老，愈小愈奇，不意奇山中又有此奇品也"。他称赞黄山："五岳归来不看山，黄山归来不看岳。"这奇松、怪石、云海、温泉被称为

"黄山四绝"。转而南下福建,登武夷山,"两崖夹峙,壁立参天,中通一线,上下尺余,人行其间,毛骨阴悚"。

游罢,徐霞客归故里。他把山川奇秀,一一告诉了母亲,其母也不顾年迈,由徐霞客陪同游览荆溪(在今溧阳境)和张公洞、善卷祠(在今宜兴境)。母亲的榜样,使徐霞客受到鼓舞。他把母亲送回家后,往西行,登上江西庐山,"层烟叠翠,澄映四外,其下喷雪奔雷,腾空震荡,耳目为之狂喜"。再次游黄山。又南下福建,游仙游之九鲤湖。向西北行,去河南,登游中岳嵩山,"山形三尖攒立如覆鼎,众山环之,秀色娟娟媚人"。过洛阳伊阙,西探华山,"太华屼出云表……不特三峰秀绝,而东西拥攒诸峰,俱片削层悬"。再往东南,去湖北均州,登上太和山(即武当山),"山顶诸峰,皆如覆钟峙鼎,离离攒立;天柱中悬,独立众峰之表,四旁崭绝。峰顶平处,纵横止及寻丈,金殿峙其上"。又作诗赞美此山:"气吞泰华银河近,势压岷峨玉垒高。"

徐霞客这次游罢归返故里,其母病逝。守孝3年期满,他又重新踏上征途。从这一年(崇祯元年,即1628年)起,到崇祯十三年(1640年)的13年间,他北上游盘山,又南下重游福建。西南至广东,登罗浮山。又北上山西,游五台山,"高峰对峙,俱如仙掌插天"。"夏七月,风怒起,滴水皆冰,风止日出,如火珠涌吐翠叶中。""寺宇幽丽,高下如图画。"出五台山,游北岳恒山,"西崖之半,层楼高悬,曲榭斜倚,望之如蜃吐重台者，悬空寺也"。再南下，三游闽漳，重游天台山、雁荡山。往西行转入江西，游龙虎山、麻姑山。进吉安城中，旅寓于白鹭洲上的白鹭洲书院内。往西到湖南，游九嶷山。又西去广西，游桂林阳朔。再西去贵州，进云南，直抵腾冲。他自崇祯十二年（1639年）至此，一年后，自云南东归，这也是他最后的一次旅行。

徐霞客的游法，非一般人所能比及。为了探索大自然的奥秘，往往置生死于度外。"爬山，望险而趋，必登群峰之巅；探洞，觅奥而逐，务达幽穴之邃"。初游雁荡山，遇绝壑无径，只有用悬绳飞渡而上，历险境而登顶峰，终于勘明志书上所说"宕在山顶，龙湫之水，即自宕来"之语实属讹错。在腾冲，北游打鹰山，见层岩上有洞东向，想攀上山洞，但无路可通，他竟一人手抓草根向前移动。又沿露崖艰险前移，才达洞口。出洞后，无去路，又是一片悬崖。他坐下来，两脚前伸，双手抓着野草，像坐滑梯似的向下滑，一直滑到山脚下。及和仆人相见，好像死而再生。他说："生平所历险境无过于此。"他的旅行，就是这样不怕艰险，临危不畏，表现出大无畏的精神。

他又是一位大地理学家。他的出游不单是游山玩水，而是很注意考察山川地势，尤其是水道源流。《江源考》、《盘江考》均据实地考察材料写出，纠正了一些历来地理上的错误，取得了重要收获。

关于长江源流问题，经他实地考察，得出结论："江源亦不出于岷山……惟江源者，必当以金沙为首。"

金沙江才是长江的正源，从而纠正了"岷山导江"的旧说。他又澄清了湖南三分石下的水流往两广的误传。他游湖南潇江，找到了"五涧纵横，交会一处"的三分石分水岭，弄清了三分石是潇江、岿水、泡水的分水岭，三水均下注湘江，从不流往两粤。还查明怒江、澜沧江、元江 3 条江都是分流入海的。而保山境的枯柯河则流入怒江而不是流入澜沧江，纠正了《大明一统志》的错误。但他对北盘江上流及南盘江下游，未能得出正确结论，大概由于他的行踪与当时条件的限制所致。

他在考察山水时，还注意到自然地质与地理情况，揭示了一定的自然规律，尤为可贵。

在腾冲打鹰山考察时，看到火山喷火的浮石。他写道："山顶之石，色赭赤而质轻浮，状如蜂房，为浮沫结成者，虽大至合抱，而两指可携。然其质仍坚，真劫灰之余也。"对火山喷出的灰烬作了符合科学的解释。他认识到水力对岩石与河流两岸侵蚀的作用，写出"江流击山，山削成壁"，"两旁石崖，水啮成矶"，"山受啮，半剖为削崖"的解释，这都是正确的。

他于崇祯十一年（1638 年）腊月到达云南鸡足山，对这里的地物地貌进行了详尽考察。同时，写下《鸡足山十景》诗 10 余首，歌咏了此山的风景名胜。他看到大觉寺的喷泉，从而判断附近必有一股和喷泉高度相应的水源，阐明了地下水压力的作用。

他对石灰岩溶洞也作过广泛深入的探察。在湖南茶陵探索麻叶洞，深入洞穴，了解内部的复杂结构。

在桂林勘察过七星岩，发现岩洞内有洞顶倒悬石钟乳，洞底耸列石笋，有的曲道通幽，有的层楼复阁，有的源泉不竭。所以，《徐霞客游记》真可算世界上最早记载有关石灰岩地貌的宝贵文献。

他的旅游，多在崇山峻岭之间，故对于植物与环境的关系以及植物种类分布情况也很注意，时有所记。游黄山，"独上天都，其松犹有曲挺纵横者。柏虽大，干为臂，无不平贴石上如苔藓然"，写出了山高、温度低、风大影响植物生长的现象。至于植物种类分布，记有武当山的椰梅、嵩山的金莲花、五台山的天花菜，还有衡阳的宝珠茶，九嶷山的珠树、独木、寿杉，粤西的何首乌、巴豆，云南的山茶、山鹃、菩提树、颠茄、孩儿参等类植物。

滇、黔、桂之行，是他最后一次旅行。崇祯十三年（1640年）徐霞客由云南东归，六月回到家乡江阴。到家后半年，患病，就在最后的一刻，他还把野外采集的"怪石"（岩石标本）摆在病榻旁边，细心观察，直到生命停止。他于崇祯十四年（1641年）正月卒于家中，终年56岁。葬于江阴南旸岐。在花岗石墓碑上刻书"明高士霞客徐公之墓"。徐霞客生平所游所记可见下页表。

7 顾炎武察览山河，赋诗著述

顾炎武是明末清初的一位大学者，一位进步思想家。他长期旅行游历山川，又是一位旅行家。

徐霞客游迹游记对照表

年 份	游 迹	游 记
万历三十五年(1607)	游太湖	无游记
万历三十七年(1609)	游泰山、孔陵、孟庙,北入京	无游记
万历四十一年(1613)	宁波渡海游落迦山(普渡),游天台、雁荡	天台、雁荡有记,余无记
万历四十二年(1614)	冬游南京	无游记
万历四十四年(1616)	春游白岳、黄山,夏入武夷、九曲,秋游山阴、西湖	白岳、黄山、武夷(附九曲)有记
万历四十五年(1617)	游荆溪、句曲,亦入善卷、张公诸洞(在江苏宜兴)	无游记
万历四十六年(1618)	游庐山,再游黄山	分别有记
泰昌元年(1620)	游仙游之九鲤湖,观浙江湖	九鲤湖有记
天启三年(1623)	游嵩山、太华及太和山(武当山)	分别有记
崇祯元年(1628)	游闽,南至罗浮山	闽游日记(前)
崇祯二年(1629)	游北京及盘山	无游记
崇祯三年(1630)	再游闽	闽游日记(后)
崇祯五年(1632)	再游天台、雁荡	分别有记
崇祯六年(1633)	取道北京,游五台、恒山	五台、恒山有记
崇祯九年(1636)	游浙江、江西	分别有记
崇祯十年(1637)	游湖南、广西	分别有记
崇祯十一年(1638)	游广西、贵州、云南	分别有记
崇祯十二年(1639)	游云南	有游记
崇祯十三年(1640)	从云南东返	无游记

选自《中国地理学史》。

顾炎武,初名绛,字宁人,号亭林,江苏昆山县人。生于明万历四十一年(1613年),死于清康熙二十一年（1682年）。他出身于"江东望族"官僚地主家庭，又是世代相传的书香门第。在少年时代，他就阅读了许多重要历史书籍，如《左传》、《国语》、《史记》、《战国策》、《资治通鉴》等，也读过《孙子》、《吴子》等古代兵法书。14岁考中秀才，同时进县学，读《尚书》、《诗经》、《春秋》等书。后来，他参加了明末有名的文学团体"复社"，开始关心国计民生大事，参加抗清活动。这对于他日后的思想行动，都有深远影响。

明亡之后，他与友人投身于昆山人民自发的武装自卫战，经过同清军21天的激战，最后，孤立无援失败了。从这时起，他开始了终其一生的漫长的旅居生活。

从清顺治二年（1645年）至顺治十四年（1657年），他一直在大江南北过着隐姓埋名（化名蒋山傭）的亡命生活。有时潜居金陵钟山下，或去镇江，登金山、焦山、北固山，或去嘉兴。有时乔装商贩，北上淮安，往返于清江浦与王家营之间，然后返回太湖的洞庭东山。有时又到江浙沿海地区。他在诗中描绘了逃亡时的心情："流转吴会间，何地为吾土？登高望九州，极目皆榛莽。"

顺治十四年春，他决计离开江南，到山东去。渡江之前，在南京明孝陵举行了告别式，然后踏上征途，离开水乡江南。

进入山东境内，顾炎武先到济南，再去东部沿海的莱州府（府治在掖县），沿途作了地理考察，游览了即墨之南的劳山（今青岛崂山），写有《劳山歌》，描绘劳山的雄伟气势。站在山上，俯视茫茫大海，一派"海阔凭鱼跃，天高任鸟飞"的图景。此情此景，映在他的心中，自然不能平静，"何时结屋依长松，啸歌山椒（山顶）一老翁"。他希望能依傍着苍松翠柏，结屋为舍，住在劳山顶上，俯视大海，仰天高歌，过上安定太平的生活。

离开莱州掖县他又来到济南，并写诗道："水翳墙崩竹树疏，廿年重说陷城初。荒凉王府余山沼，寥落军营识旧墟。"这种墙崩、树疏、荒凉、寥落的旧墟景色，是战火攻陷此城所带来的凄凉情景。

顺治十五年（1658年），顾炎武来到山东泰安，巍峨的泰山就在眼前。名山胜景，使他心境舒展，遂决意攀登。他先走进岱庙。岱庙宫墙角楼，规模宏大，殿宇巍峨。他瞻仰了雕梁画栋、金碧辉煌的天贶殿。看了庙内壁画，尤其是著名的"泰山神启跸回銮图"，描绘了东岳大帝前簇后拥，御驾出巡的情景，使他想起历代开国之君、盛世之主登泰山封禅、祭祀天地的场面。他又在宽敞的院内漫步，林立的历代碑石展示了历代大书法家颜真卿、柳公权、欧阳询等人的书法艺术。这些题刻碑碣的文化宝藏同泰山雄伟壮丽的自然风光交相辉映，美不胜收。

从岱庙步入岱宗坊，顾炎武起步登山。经过"峰回路转"的盘道，跨过"步天桥"，来到中天门，再至"云步桥"，漫步在这青山绿水、花草斑斓的山间小道上，观赏"斩云剑"、"蛟龙石"等名胜。"云步桥"为泰山东路绝幽处，此桥高悬如虹，百丈崖瀑布倾泻而下，四面群峰叠翠，如入仙境。踏上层层石阶，便到"五松亭"，此处为当年秦始皇登泰山遇雨休息，加封"五大夫松"之地。继续登山，来到南天门，站立眺望，体会当年李白"天门一长啸，万里清风来"的诗意。上玉皇顶，这是泰山最高峰。他想起孔子"登泰山而小天下"的气派，又吟诵起杜甫《望岳》中"会当凌绝顶，一览众山小"的诗句，居高临下，气象万千。

经过一天的爬山活动，已觉步履艰难，是夜他投宿旅店。次日凌晨，又来到日观峰。他凝视东方，但见云雾翻腾，天已亮，雾未散，看日出没有希望了，只得扫兴离去。在玉皇顶上，他遥望南天，在朦胧之间，家乡的山山水水，一草一木，依稀见到。思念间潸然泪下，写下《登岱》诗："三万六千年，山崩黄河干。立石既已刓，封松既已残。太阳不东升，长夜何漫漫。"

顾炎武45岁来山东，直到65岁，其间每年他都来山东一次或多次，足迹几乎遍及全省各地，并游历了崂山、泰山、灵岩、孔林等名胜古迹。他参与修订《邹平县志》、《德州志》。61岁时参加《山东通志》的纂修，负责古迹山川部分的编写工作。在此期间，他还完成了他的巨著《肇域志》山东部分。他又很注意山东古文物的研究，写成《山东考古录》一卷。

从顺治十五年至十七年（1658～1660年），顾炎武曾几度到现北京昌平拜谒明十三陵，并对昌平一带进行地理形势调查，写成《昌平山水记》和《京东考古录》。

他还游历了山海关、居庸关、古北口、昌黎、蓟州一带，考察该地的历史、地理情况。

康熙元年（1662年）冬，顾炎武离开山东，开始山西之行。

在山西，他先到太原，住在当地大学者傅山的松庄，游历了晋祠，再北上五台山，写有《五台山记》。然后又去山西代州，与友人李因笃商讨在五台山区兴修农田水利之事。后又南下游霍山、介之推庙，进入河汾地带。康熙二年（1663年），他由山西渡过黄河时，游历龙门，写《龙门》诗："亘地黄河出，开天此一门。千秋凭大禹，万里下昆仑。入庙爇蒿（香气蒸腾）接，临流想象存。无人书壁间，倚马日将昏。"过河后，入潼关，顾炎武初次登上西岳华山，纵览关中胜景。下山时，在华山脚下的华阴县会见了当地大学者王宏撰。他又西去古都长安，再到长安附近的盩厔县（今周至县）会见关中大学者李颙，彼此交谈国家大事与学术见解。他骑驴北上，游了乾州（今乾县），看了乾陵和昭陵（唐高宗与武则天合葬于乾陵，唐太宗葬于昭陵）。转道而东，出潼关，绕道河南辉县，登览苏门山，随后返回山东济南。

康熙四年（1665年），顾炎武在山东章丘县大桑家庄购买了房屋，准备在此暂时定居。这时，他已53岁。此后，顾炎武在章丘住了8年。在这段时间里，他开始总结整理过去的研究成果。据漫游各地、考察山川地理形势的材料，继续补编《天下郡国利病书》。又将每到一地访问名胜古迹所收集的金石刻辞，写成《金石文字记》、《石经考》诸书。此外，还写成著名的《音学五书》和《日知录》。《日知录》是顾炎武的代表作，是笔记形式的史学著作，涉及领域十分广泛，包括政治、军事、经济、教育、科技、艺文、典章制度、历史、地理等方面的问题。他的史学思想与见解，在书中得到了系统的发挥。并在《正始》中提出"天下兴亡，匹夫有责"的名言。

康熙十四年（1675年）秋，顾炎武离山东去山西祁县丹枫阁访问当地学者戴廷栻。戴为他在南山中营建一座书堂，请他静居。康熙十六年（1677年）秋，他再次由山西渡过黄河来到陕西。在华阴重访老友王宏撰，准备选在华阴定居。因为他喜爱西北民俗，认为关中地区民情朴实，重视实学，具有历史传统。更喜爱华山一带有利的地势。华阴扼制关河之口，居高临下，有"建瓴之势"。所以，晚年他在华山脚下"堡中书斋"居住下来。

康熙二十年（1681年），顾炎武已69岁，虽然拄着拐杖行走，但他仍渡河到汾州曲沃去。一是他力主唐地和夏墟的地望在晋西南，因而要去晋地考察。二是访友，切磋学术。他常以"苍龙日暮还行雨，老树春深更着花"的诗句鞭策自己。

第二年正月初八日，他正在曲沃访问，见到天气晴和，想趁此返回华阴整理存稿，准备骑马起程，因体力不支，坠马摔倒在地。第二天清晨，便与世长辞，终年70岁。同年三月，他的堂弟从家乡昆山赶来曲沃，和他的嗣子顾衍生一起，扶柩返回原籍，将他葬于昆山顾氏"祖茔之次"。

《中国史话》总目录

系列名	序号	书名	作者
物质文明系列（10种）	1	农业科技史话	李根蟠
	2	水利史话	郭松义
	3	蚕桑丝绸史话	刘克祥
	4	棉麻纺织史话	刘克祥
	5	火器史话	王育成
	6	造纸史话	张大伟 曹江红
	7	印刷史话	罗仲辉
	8	矿冶史话	唐际根
	9	医学史话	朱建平 黄健
	10	计量史话	关增建
物化历史系列（28种）	11	长江史话	卫家雄 华林甫
	12	黄河史话	辛德勇
	13	运河史话	付崇兰
	14	长城史话	叶小燕
	15	城市史话	付崇兰
	16	七大古都史话	李遇春 陈良伟
	17	民居建筑史话	白云翔
	18	宫殿建筑史话	杨鸿勋
	19	故宫史话	姜舜源
	20	园林史话	杨鸿勋
	21	圆明园史话	吴伯娅
	22	石窟寺史话	常青
	23	古塔史话	刘祚臣

系列名	序号	书名	作者
物化历史系列（28种）	24	寺观史话	陈可畏
	25	陵寝史话	刘庆柱 李毓芳
	26	敦煌史话	杨宝玉
	27	孔庙史话	曲英杰
	28	甲骨文史话	张利军
	29	金文史话	杜勇 周宝宏
	30	石器史话	李宗山
	31	石刻史话	赵超
	32	古玉史话	卢兆荫
	33	青铜器史话	曹淑琴 殷玮璋
	34	简牍史话	王子今 赵宠亮
	35	陶瓷史话	谢端琚 马文宽
	36	玻璃器史话	安家瑶
	37	家具史话	李宗山
	38	文房四宝史话	李雪梅 安久亮
制度、名物与史事沿革系列（20种）	39	中国早期国家史话	王和
	40	中华民族史话	陈琳国 陈群
	41	官制史话	谢保成
	42	宰相史话	刘晖春
	43	监察史话	王正
	44	科举史话	李尚英
	45	状元史话	宋元强
	46	学校史话	樊克政
	47	书院史话	樊克政
	48	赋役制度史话	徐东升
	49	军制史话	刘昭祥 王晓卫

系列名	序号	书名	作者
制度、名物与史事沿革系列（20种）	50	兵器史话	杨毅 杨泓
	51	名战史话	黄朴民
	52	屯田史话	张印栋
	53	商业史话	吴慧
	54	货币史话	刘精诚 李祖德
	55	宫廷政治史话	任士英
	56	变法史话	王子今
	57	和亲史话	宋超
	58	海疆开发史话	安京
交通与交流系列（13种）	59	丝绸之路史话	孟凡人
	60	海上丝路史话	杜瑜
	61	漕运史话	江太新 苏金玉
	62	驿道史话	王子今
	63	旅行史话	黄石林
	64	航海史话	王杰 李宝民 王莉
	65	交通工具史话	郑若葵
	66	中西交流史话	张国刚
	67	满汉文化交流史话	定宜庄
	68	汉藏文化交流史话	刘忠
	69	蒙藏文化交流史话	丁守璞 杨恩洪
	70	中日文化交流史话	冯佐哲
	71	中国阿拉伯文化交流史话	宋岘

系列名	序号	书名	作者	
思想学术系列（21种）	72	文明起源史话	杜金鹏	焦天龙
	73	汉字史话	郭小武	
	74	天文学史话	冯时	
	75	地理学史话	杜瑜	
	76	儒家史话	孙开泰	
	77	法家史话	孙开泰	
	78	兵家史话	王晓卫	
	79	玄学史话	张齐明	
	80	道教史话	王卡	
	81	佛教史话	魏道儒	
	82	中国基督教史话	王美秀	
	83	民间信仰史话	侯杰	
	84	训诂学史话	周信炎	
	85	帛书史话	陈松长	
	86	四书五经史话	黄鸿春	
	87	史学史话	谢保成	
	88	哲学史话	谷方	
	89	方志史话	卫家雄	
	90	考古学史话	朱乃诚	
	91	物理学史话	王冰	
	92	地图史话	朱玲玲	
文学艺术系列（8种）	93	书法史话	朱守道	
	94	绘画史话	李福顺	
	95	诗歌史话	陶文鹏	
	96	散文史话	郑永晓	
	97	音韵史话	张惠英	
	98	戏曲史话	王卫民	
	99	小说史话	周中明	吴家荣
	100	杂技史话	崔乐泉	

系列名	序号	书名	作者
社会风俗系列（13种）	101	宗族史话	冯尔康 阎爱民
	102	家庭史话	张国刚
	103	婚姻史话	张 涛 项永琴
	104	礼俗史话	王贵民
	105	节俗史话	韩养民 郭兴文
	106	饮食史话	王仁湘
	107	饮茶史话	王仁湘 杨焕新
	108	饮酒史话	袁立泽
	109	服饰史话	赵连赏
	110	体育史话	崔乐泉
	111	养生史话	罗时铭
	112	收藏史话	李雪梅
	113	丧葬史话	张捷夫
近代政治史系列（28种）	114	鸦片战争史话	朱谐汉
	115	太平天国史话	张远鹏
	116	洋务运动史话	丁贤俊
	117	甲午战争史话	寇 伟
	118	戊戌维新运动史话	刘悦斌
	119	义和团史话	卞修跃
	120	辛亥革命史话	张海鹏 邓红洲
	121	五四运动史话	常丕军
	122	北洋政府史话	潘 荣 魏又行
	123	国民政府史话	郑则民
	124	十年内战史话	贾 维
	125	中华苏维埃史话	杨丽琼 刘 强
	126	西安事变史话	李义彬
	127	抗日战争史话	荣维木

系列名	序号	书名	作者
近代政治史系列（28种）	128	陕甘宁边区政府史话	刘东社　刘全娥
	129	解放战争史话	朱宗震　汪朝光
	130	革命根据地史话	马洪武　王明生
	131	中国人民解放军史话	荣维木
	132	宪政史话	徐辉琪　付建成
	133	工人运动史话	唐玉良　高爱娣
	134	农民运动史话	方之光　龚云
	135	青年运动史话	郭贵儒
	136	妇女运动史话	刘红　刘光永
	137	土地改革史话	董志凯　陈廷煊
	138	买办史话	潘君祥　顾柏荣
	139	四大家族史话	江绍贞
	140	汪伪政权史话	闻少华
	141	伪满洲国史话	齐福霖
近代经济生活系列（17种）	142	人口史话	姜涛
	143	禁烟史话	王宏斌
	144	海关史话	陈霞飞　蔡渭洲
	145	铁路史话	龚云
	146	矿业史话	纪辛
	147	航运史话	张后铨
	148	邮政史话	修晓波
	149	金融史话	陈争平
	150	通货膨胀史话	郑起东
	151	外债史话	陈争平
	152	商会史话	虞和平
	153	农业改进史话	章楷
	154	民族工业发展史话	徐建生
	155	灾荒史话	刘仰东　夏明方
	156	流民史话	池子华
	157	秘密社会史话	刘才赋
	158	旗人史话	刘小萌

系列名	序号	书名	作者
近代中外关系系列（13种）	159	西洋器物传入中国史话	隋元芬
	160	中外不平等条约史话	李育民
	161	开埠史话	杜语
	162	教案史话	夏春涛
	163	中英关系史话	孙庆
	164	中法关系史话	葛夫平
	165	中德关系史话	杜继东
	166	中日关系史话	王建朗
	167	中美关系史话	陶文钊
	168	中俄关系史话	薛衔天
	169	中苏关系史话	黄纪莲
	170	华侨史话	陈民 任贵祥
	171	华工史话	董丛林
近代精神文化系列（18种）	172	政治思想史话	朱志敏
	173	伦理道德史话	马勇
	174	启蒙思潮史话	彭平一
	175	三民主义史话	贺渊
	176	社会主义思潮史话	张武 张艳国 喻承久
	177	无政府主义思潮史话	汤庭芬
	178	教育史话	朱从兵
	179	大学史话	金以林
	180	留学史话	刘志强 张学继
	181	法制史话	李力
	182	报刊史话	李仲明
	183	出版史话	刘俐娜

系列名	序号	书名	作者
近代精神文化系列（18种）	184	科学技术史话	姜 超
	185	翻译史话	王晓丹
	186	美术史话	龚产兴
	187	音乐史话	梁茂春
	188	电影史话	孙立峰
	189	话剧史话	梁淑安
近代区域文化系列（11种）	190	北京史话	果鸿孝
	191	上海史话	马学强 宋钻友
	192	天津史话	罗澍伟
	193	广州史话	张 苹 张 磊
	194	武汉史话	皮明庥 郑自来
	195	重庆史话	隗瀛涛 沈松平
	196	新疆史话	王建民
	197	西藏史话	徐志民
	198	香港史话	刘蜀永
	199	澳门史话	邓开颂 陆晓敏 杨仁飞
	200	台湾史话	程朝云

《中国史话》主要编辑出版发行人

总 策 划 谢寿光　王　正
执行策划 杨　群　徐思彦　宋月华
　　　　　　梁艳玲　刘晖春　张国春
统　　筹 黄　丹　宋淑洁
设计总监 孙元明
市场推广 蔡继辉　刘德顺　李丽丽
责任印制 岳　阳